Narratori

W0403511

GABRIELE DADATI

Le ali del Piccolo Principe

SOLFERINO

SOLFERINO

www.solferinolibri.it

© 2024 RCS MediaGroup S.p.A., Milano
Proprietà letteraria riservata

Pubblicato in accordo con Benedetta Centovalli-Literary Agency, Milano

ISBN 978-88-282-1485-4
Prima edizione: giugno 2024

Le ali del Piccolo Principe

Ma quanto più l'uomo incontra degli ostacoli,
tanto più diviene degno di provocare miracoli.

CONSUELO DE SAINT-EXUPÉRY, *Memorie della rosa*

I

Sahara

tra domenica 29 e lunedì 30 dicembre 1935

1

Nel nero della notte di Bengasi, la pista di decollo sembra una lunga striscia dorata. Il Simoun che la percorre ha i serbatoi pieni, ma è comunque leggero. Stacca da terra anzitempo, nel tentativo di evitare la luce del riflettore. Gli ufficiali che hanno fatto firmare i documenti di transito a Tonio lo stanno indirizzando verso il piccolo aereo per guidarlo. L'uomo stringe più forte la barra. La tira a sé per cabrare e conquistare cielo. Poi inizia la virata. Il riflettore, solerte, segue ogni sua mossa e quasi lo abbaglia.

È questione di un attimo. Per fortuna qualcuno si rende conto dell'errore e aggiusta il puntamento. Subito dopo aver toccato la lamiera, il fascio luminoso viene diretto altrove. Tonio sbuffa. Dalle narici gli esce tutta insieme l'aria che finora aveva trattenuto a forza nei polmoni. Fa come fanno i cavalli, ma senza scuotere la testa. Seduto dietro di lui, Prévot gli guarda la nuca in silenzio. L'ha vista baluginare quando l'abitacolo è stato investito dal fascio luminoso, mentre ora è tornata a essere una massa scura.

Tonio guarda il quadro davanti a sé, di nuovo tira la barra per salire di quota. Ragiona, fa e disfa i calcoli, poi ricomincia da capo. Quando è il momento, vira un'altra volta. Ora il Simoun è diretto a metà strada tra Alessandria e Il Cairo. Se Tonio avesse scelto Alessandria, infatti, avrebbe dovuto sorvolare troppo a lungo il Mediterraneo senza punti di riferimento. Se viceversa avesse puntato direttamente al Cairo, ci sarebbe stato lo stesso problema con il deserto. Così, invece, vedrà le luci della costa, e quando si avvicinerà a destinazione avrà quelle dell'una o dell'altra città a guidarlo. O magari quelle della valle del Nilo.

«Se davvero facciamo i trecento, ci mettiamo al massimo tre ore.»

Prévot annuisce d'istinto, ma si rende conto che non può essere visto, quindi aggiunge: «Sì». Ha bisbigliato a labbra secche, come accade al mattino appena svegli, quando si usa la voce per la prima volta. Ci passa la lingua sopra e ripete, più per mettersi alla prova che non per sovrastare davvero il rombo sordo della cabina. Che importa a Tonio del suo sì? Importa che stamattina, prima che partissero, i meteorologi dell'aeroporto parigino Le Bourget hanno promesso loro un vento in coda dai trenta ai quaranta chilometri l'ora, una volta in quota. Lo stesso hanno fatto nello scalo di Tunisi e ora a Bengasi. A pieno regime, il motore del Simoun tocca i duecentosettanta. Quelli del vento si sommano.

Al meccanico piccardo sembra che la sagoma di Tonio ondeggi sul sedile. La vede tendersi tutta da un lato e capisce: il pilota ha staccato la mano dalla barra e se l'è portata al collo per allentare la cravatta. È una buona idea, che Prévot fa immediatamente propria. Poi si tasta i fianchi, trova la cintura, scioglie anche quella. Indugia ad accarezzare la pelle del proprio giubbotto, percorre con le dita i baveri, avverte sotto i polpastrelli il duro delle cuciture. Lo fa sentire bene. Tonio invece indossa un cappotto di lana doppiopetto. In volo solitamente veste di pelle anche lui, ma stavolta è diverso. C'erano i fotografi, al Bourget. I giornali parlano del loro raid. Occorreva che fosse elegante.

La luna è sparita e il cielo si è fatto denso come bitume. Sembra che il nero possa prevalere da un momento all'altro e spegnere le stelle. Interrogare gli strumenti del quadro diventa via via più difficile. Ma tanto, cosa potrebbero dire? La bussola, per ora, non intende smentire la direzione. Semmai ci sarà da aggiustarla se incontreranno turbolenze. Anche se non dovrebbe succedere, soprattutto salendo.

Tonio tira ancora una volta la barra a sé. Il muso del Simoun si solleva in cerca d'aria. È come se fosse una bestia che stenta a respirare. Soltanto quando sono giunti a duemila metri, è possibile raddrizzare. Eccolo, finalmente, il vento in coda promesso dai meteorologi. Il bitume si diluisce in inchiostro.

Il pilota accende la lampada agganciata alla sua destra. Nell'abitacolo si diffonde un bagliore rossastro. A Bengasi, mentre lui firmava i documenti e parlava con gli ufficiali, Prévot ha applicato una carta oleosa alle due lampade a bordo. Così la luce non ferisce gli occhi abituati al buio, permettendo a Tonio di verificare la stretta linea dell'orizzonte artificiale sullo schermo dello Sperry. Poi spegne. Quando dietro di lui Prévot si muove, corregge lievemente il centro di gravità. È in grado di farlo senza guardare, e comunque ben presto il meccanico resta immobile nel rombo sordo della cabina. Dev'essere ormai passata la mezzanotte. Starà dormendo.

Tonio si rinchiude nella notte come in un tempio. Solo poche ore prima la sabbia e le rocce della Tripolitania, rimandando i raggi del sole, lo avevano costretto agli occhiali scuri. C'era qualcosa di grandioso, in quell'impasto di luce bionda che rendeva ricca l'aria. Ora invece tutto si è fatto essenziale. Per sua natura la notte spinge verso il segreto, impone riti scarni, meditazioni senza soccorso. Tonio osserva sul quadro le minuscole costellazioni degli strumenti, che diffondono la stessa luce minerale delle stelle, la stessa luce inconsumabile e misteriosa. In questo momento è come se non fosse più un aviatore, ma un astronomo con la faccia appiccicata alle pagine del libro del cielo. Si sente puro. Poi lascia perdere le stelle e si concentra sul percorso che il suo respiro compie tra i polmoni, la trachea, la bocca e il naso. Si scopre in bilico tra il segreto della notte e la verità della vita. Ora potrà dedicarsi a quest'ultima. Già, ma qual è?

Non fa in tempo a chiederselo che il quadro dei comandi richiama la sua attenzione. Da una giuntura trapela della luce che non dovrebbe esserci. È già la seconda anomalia da quando sono in viaggio, dopo il fumo dall'indicatore di carburante dell'ala sinistra. In quel caso Prévot si era messo ad auscultare un serbatoio posteriore. Al primo scalo aveva riparato il guasto. Ora Tonio si volta verso di lui. Fa perno con la scapola sul tubolare curvo dello schienale, allunga la mano, lo scuote. Subito Prévot apre gli occhi.

«Ditemi.»

«Riuscite a vedere qui? La luce che esce dal profilo dell'impianto elettrico.»

Il meccanico abbandona il sedile, si inginocchia sul fondo dell'abitacolo e da questa posizione riesce a sporgersi in avanti. Senza sganciarla, accende la lampada. Di nuovo il bagliore rossastro. Osserva il quadro dei comandi, allunga la mano per toccarlo. Poi spegne. La fessura continua a buttar fuori la propria luce.

«Non dovrebbe essere un problema.»

«Ne siete sicuro, André?»

«Cambia qualcosa?»

«Niente.»

«Comunque sì, sono sicuro. Se però vi dà fastidio, facciamo in modo di coprirla.»

«Grazie.»

Prévot è costretto a girarsi per cercare dalle parti della coda. Nel farlo, sbuffa dalla fatica. Ricorda un piccolo orso. Ma Tonio se la caverebbe anche peggio: alto quasi uno e novanta, nel tempo si è fatto via via più imponente. Un papà orso accanto a un cucciolo... Prévot riemerge, accende la luce, si mette all'opera con della carta nera e dei fazzoletti. Tonio lo lascia fare, non si sforza neppure di capire cosa. Gli basta che di lì a poco l'incrinatura che si era aperta nel suo mondo sia chiusa. La luce che ne scaturiva non era quella pallida delle stelle. Era invece una luce da ritrovo notturno, capace di sovrastare tutto. Abbacinante. Intollerabile.

Il meccanico torna al proprio sedile. L'ansimare rallenta. Ora il respiro può distendersi. Si fatica a percepirlo, tra i rumori dell'abitacolo. E sarà ancora più difficile, quando l'uomo si sarà addormentato un'altra volta.

Senza poter contare sulla luna, e privo di radio, Tonio sa che non avrà più legami con il mondo finché non incapperanno nelle luci tra Alessandria e Il Cairo. Quindi ora può davvero pensare a sé. Che poi, si rende conto, vuol dire concentrarsi sul denaro. Sul fatto di non averne mai abbastanza. Un pensiero faticosissimo, ancor prima che penoso. Ma non è proprio per questo che sono in volo, stavolta?

Japy ha completato il raid Parigi-Saigon in tre giorni, quindici ore e trenta minuti. Se riusciranno a batterlo e a giungere a destinazione entro le dieci e mezza di mercoledì sera, vinceranno centocinquantamila franchi. È possibile? In teoria sì. Il suo Simoun ha un motore più potente di quello dell'Aiglon di Japy. Tonio lo sa bene. E per fortuna la matematica del volo gli riesce molto più facile della matematica del denaro. Eppure questa, come quella, ha le sue conseguenze. Per esempio, la sparizione delle case. Dapprima Consuelo aveva dovuto vendere la villa di Nizza ereditata dal precedente marito. Poi avevano cominciato a collezionare uno sfratto dopo l'altro. Rue de Castellane era già un ricordo, e ora sarebbe venuto il momento di dire definitivamente addio anche a rue de Chanaleilles. Il loro appartamento, al terzo piano, era talmente piccolo che quando aprivano le finestre i rami degli alberi che c'erano cresciuti contro entravano e riempivano le minuscole stanze. Ogni volta era una fatica spingerli fuori, ma non si poteva chiedere al padrone di casa di provvedere. Non gli si poteva chiedere proprio niente. Ormai da tempo erano in ritardo con l'affitto, così evitavano deliberatamente di incontrarlo. Eppure anche lì, in rue de Chanaleilles, Consuelo aveva sparpagliato dappertutto pezzi delle sculture in lavorazione e continuava a invitare amici. Era come vivere in uno scrigno, piuttosto che in un appartamento. Ma che importava, ora? Era già scattato il provvedimento di sequestro e presto i mobili sarebbero stati battuti all'asta. Avevano dovuto trasferirsi all'Hotel Pont Royal, almeno per il momento. Così, ancora una volta, ecco le conseguenze della matematica dei soldi, che poi a voler essere precisi era la matematica dei debiti. Chissà cosa avrebbero potuto recuperare, delle loro cose.

Tonio prova a fare il conto di quanto hanno speso, lui e Consuelo, la notte precedente. Dopo la cena con Raymond Bernard e moglie in un bistrot di Montmartre avevano passeggiato tra i banchi della fiera lungo boulevard de Clichy. Quindi avevano fatto tappa in una drogheria aperta tutta la notte. Infine, congedati i Bernard, si era ritrovato improvvisamente solo a girovagare per i club della zona in cerca della moglie. Capitava spesso, che sparisse. Se lo faceva per sbadataggine o apposta – Tonio sa che si tratta, di volta in volta in misura variabile, di entrambi –, in ogni caso era la sua natura. Di fronte alla quale l'uomo riesce solo a provare stizza. E così se n'era andata almeno un'altra ora, al cui termine l'aveva rintracciata nella confusione di place du Tertre. Lì lei aveva imposto un ultimo bicchiere, dopodiché erano rientrati.

A quanto assommava il conto della cena, del cappellino che Consuelo aveva voluto a Clichy, dei due etti di caramelle presi in drogheria e infine di quell'ultimo brindisi che nelle intenzioni della moglie avrebbe dovuto portargli fortuna, mentre sarebbe stato senz'altro meglio dormire un po' di più? Non sa dirlo. È come se i numeri, quando si tratta di soldi, invece che saldarsi gli uni agli altri dentro il suo cervello si sparpagliassero sempre più, fino a premere contro le pareti del cranio. Ed è così che, alla fine, ogni volta desidera soltanto una cosa: smettere di curarsene.

Il tempo passa, Tonio entra ed esce dai pensieri. Avverte la stanchezza della notte pressoché insonne che ha alle spalle. Questa lo sarà del tutto. Entra ed esce dai pensieri, esce ed entra. Poi cambia qualcosa, alla periferia del suo sguardo. Si volta verso destra e vede uno sprazzo di luce intenso, come se il fanale di punta dell'ala fosse diventato più potente. Produce una scia luminosa. Tonio la osserva allungarsi dietro il Simoun: a tratti si ingrossa, a tratti svanisce. Capisce così di essere entrato in una nube. Il fanale butta luce contro le goccioline d'acqua che la costituiscono e si forma un mazzolino di fiori sfavillanti, là in fondo. Non fa in tempo ad ammirarlo, che già deve fare i conti con le controcorrenti che sballottano l'aereo. Non c'è modo di sapere quanto sia grande il cumulo, deve trovare una soluzione. Inizia a salire. Raggiunge i duemilacinquecento metri. Raddrizza, guarda gli strumenti e poi guarda fuori. La situazione è la stessa. Decide di scendere. Di nuovo quota duemila, poi millecinquecento, infine mille. Raddrizza. Stavolta non controlla il quadro e neppure davanti a sé. Si gira verso l'ala. Il mazzolino di fiori è sempre al suo posto. Il suo splendore non fa che aumentare. La nube, qui, deve essere ancora più densa.

"Ballare un po' è normale" considera Tonio tra sé. "Ci sono state controcorrenti lungo tutta la tratta, nonostante il cielo sereno e l'altitudine. Ora che sono sceso, il vento non si è calmato e io continuo a fare i trecento. Sarebbe strano essere stabili. Occorre solo aspettare".

Così fa, tenendo stretta la barra. Si interroga se svegliare Prévot, ma in realtà non ce n'è ragione. Che riposi, almeno lui. Poi si vedrà. E mentre lo sta pensando, ecco che d'improvviso il mazzolino svanisce. Ce l'hanno fatta. Sono fuori dal cumulo. Tonio strizza gli occhi, ma la luce delle stelle non gli offre il conforto sperato. A quanto pare, stanno percorrendo un'angusta valle di cielo tra una nube e l'altra. Di fronte hanno un muro vero e proprio. Stanno per bucarlo. Ecco: ora il mazzolino è tornato al suo posto. Il Simoun è di nuovo dentro un cumulo.

Tonio si rassegna. Prevede che di qui in poi sarà tutto così. Interminabili minuti in compagnia del mazzolino e brevi secondi con le stelle. Per un po' se lo fa andare bene. Ma a un certo punto, rendendosi conto che sono ormai trascorse tre ore e mezza da quando hanno lasciato Bengasi, inizia a inquietarsi. Dovrebbero essere prossimi al Nilo. Come farà a vederlo? I corridoi tra le nuvole sono sempre più rari e lui non osa perdere altra quota: se per caso avesse sopravvalutato il vento in coda, sarebbero ancora tra terre alte. Potrebbero schiantarsi. L'inquietudine maggiore, tuttavia, è un'altra. Il fatto è che rischiano di perdere tempo. Quindi? Tonio si impone un limite: quattro ore e un quarto. Se anche avessero sbagliato le previsioni, e non ci fosse stato nessun aiuto da parte del vento, a quel punto la valle del Nilo dovrà essere per forza alle loro spalle.

Il Simoun giunge all'orlo dell'ennesima nube. Il mazzolino si fa instabile e inizia a mandare lampi di luce via via più fugaci, quindi si spegne. A Tonio paiono messaggi in codice inviati dai demoni della notte. Anche se ha perso la fede da ragazzo, ai tempi di Villa Saint-Jean, non ha smarrito la spiritualità. Forse è addirittura più profonda oggi di allora. Anzi, è senz'altro così, e sente che è meglio affidarsi alla discrezione di Dio, piuttosto che a messaggi del genere. Anche se razionalmente non crede né all'uno, né agli altri. Gli torna alla mente il telegramma che ha inviato a Consuelo da Tunisi. Quello sì, era reale. Anche se adesso sembra così distante.

Di fronte al muso dell'aereo compare una stella verde, radiosa come un faro. Impossibile capire di cosa si tratta. La sensazione è come di soprannaturale, dunque di pericoloso. Prévot, che nel frattempo si è svegliato, si sporge in avanti per accendere la lampada. La sgancia dal supporto, vuole consultare gli indicatori dei motori. Tonio solleva il braccio infastidito, lo respinge. Il meccanico si è intromesso nel suo campo visivo proprio mentre raggiungevano la frattura tra due nubi. È troppo preziosa per non approfittarne. Ora infatti può guardare giù. Ma non c'è niente da vedere. Prévot se ne sta rannicchiato alle sue spalle, nell'unica posizione che gli è consentita per accostarsi. Anche in lui starà montando la preoccupazione. Infatti mormora: «Dovremmo essere in arrivo al Cairo...».

«Credo anch'io» risponde Tonio. La voce gli è uscita quasi scocciata.

Il meccanico molla il colpo e, in un certo senso, cerca di cambiare discorso: «È una stella, quella, o un faro?».

Tonio non risponde, ma inizia la discesa. Prima è riuscito a consultare la carta e ha capito di aver ormai raggiunto le quote zero. Non rischiano nulla. Inizia anche a virare verso nord. Vedrà le luci delle città alla sua sinistra, perché senza dubbio le ha oltrepassate.

Quando l'orizzonte artificiale dello Sperry torna piatto, il biposto è fuori dal cumulo. Tonio però si rende conto che ce ne sono altri a intralciargli la vista, proprio dove si aspetta che prima o poi compaiano le luci. Quindi vira a nord-nord-est. A questo punto gli sembrerebbe intollerabile, se spuntasse per l'ennesima volta il mazzolino beffardo. Solo che niente è nelle sue mani, a quanto pare. Ecco laggiù ancora una nube, che nasconde per intero l'orizzonte. L'altimetro dice che il Simoun si trova a quattrocento metri. Ma quale sarà, qui, la pressione?

Prévot si china in avanti, come se fosse il destinatario di un segreto. Il rombo nella cabina però non è più sordo come quando a inizio tratta erano sereni a duemila metri e procedevano a velocità di crociera costante. Allora, forse, Tonio avrebbe anche potuto bisbigliare. Ora invece grida: «Andrò fino al mare! Completerò la discesa lì, per non spanciare!».

Il meccanico annuisce vigorosamente, poi si lascia andare all'indietro. Tonio già non bada più a lui. E se la deriva li avesse portati sull'acqua? Appiccica la fronte al finestrino. L'oscurità della nube è impenetrabile. Si sforza di cogliere un segnale con lo sguardo: una luce, o qualsiasi altra cosa. Invece quello che un tempo era prima bitume e poi inchiostro, ora si è fatto cenere. Ci fruga dentro. Niente. Sembra che sotto non covino braci, che sotto non covino tracce di vita.

«Un faro marino!»

L'hanno gridato tutti e due, proprio nello stesso momento. Ma dov'è finita ora quella promessa di salvezza? Perché il lampo di luce non si ripete? Tonio non si dà per vinto. Cede ancora quota. Un attimo dopo, ecco che di nuovo gridano insieme. Stavolta, però, si tratta di un grido che spacca i polmoni.

I corpi dei due uomini sono attraversati dal contraccolpo di un formidabile schianto, che scuote il loro piccolo mondo dalle fondamenta. Hanno spanciato, colpendo il suolo a più di duecento chilometri all'ora. E il Simoun continua la sua corsa, sballottandoli.

Il tempo, nelle menti dei due, si dilata. La frazione di secondo che stanno vivendo cresce fino a diventare enorme. Da lì dentro, attendono l'esplosione che costringerà i loro corpi a confondersi l'uno con l'altro, tra i rottami del Simoun.

Non provano niente, mentre stanno per finire dilaniati, tale è la sproporzione tra le loro piccole vite e un destino del genere.

Diventeranno una stella in più, anche se precipitata a terra e destinata a spegnersi in fretta.

Ed è forse per questo, che l'esplosione non si verifica.

Non ne varrebbe la pena.

I finestrini scoppiano in tessere di vetro che si sparpagliano in ogni direzione, mentre pezzi di lamiera schizzano via dal telaio e finiscono a decine di metri di distanza. L'aeroplano vibra come la lama di un coltello appena conficcata nel legno, mentre continua la sua corsa sul terreno. Tonio e Prévot attendono ancora. Ma ormai è chiaro che il tempo ha ricominciato a scorrere come sempre. Un secondo, due secondi, tre, quattro... In un certo senso, sono delusi. Pronti a saltare in aria, si rendono conto infatti che le scosse del Simoun scaricano a terra in maniera sempre più blanda. Finché, tutt'a un tratto, l'aereo ruota bruscamente su se stesso. L'ala sinistra deve aver urtato contro una collinetta. Si è disintegrata, ma almeno sono fermi.

«Saltiamo, presto!» grida Tonio.

«Il fuoco!» grida invece Prévot. Non che lo veda: è semplice buonsenso, pensare che l'esplosione possa verificarsi ora.

Il pilota esce dal finestrino infranto, coprendosi la testa per evitare che i denti aguzzi dei vetri lo mordano. Il meccanico lo segue. Prima a gattoni, poi in piedi, arrivano a venti metri dal Simoun. Affiancati, lo guardano. La luminosità del cielo è fioca, ma basta per individuare la sagoma di qualcosa che si sa esserci.

«André, come vi sentite?» chiede Tonio.

«Tutto bene» risponde quello. Poi però si porta una mano al ginocchio destro, ci appoggia i polpastrelli con delicatezza. Strofina.

«Provate a muovervi. E confermatemi che non avete niente di rotto, per cortesia.»

«Niente, infatti. È solo che ho sbattuto contro la pompa d'emergenza. Verrà un bel livido. Tutto qui.»

Ammutoliscono, di fronte all'enormità dell'essere ancora vivi.

2

Ormai è andata.

Il biposto non esploderà.

Per esserne sicuro, Prévot ci torna. Intende staccare gli accumulatori ed evitare così che un cortocircuito riesca là dove lo schianto ha fallito. Dapprima individua la lampada, che per fortuna è ancora agganciata al suo posto. Poi la accende e strappa la carta oleosa. Ora non serve più. Recupera gli attrezzi, si mette al lavoro. Tonio, che l'ha seguito come un'ombra, si china a terra. Accarezza alcune pietre nere e rotonde che si trovano lì nei pressi. Il Simoun ci deve essere scivolato sopra come su cuscinetti a sfera. Ecco perché la superficie della fusoliera non si è squarciata.

Fatta questa scoperta, il pilota si siede a terra, con la schiena contro il motore ancora caldo. Prova a ragionare: "Mettiamo pure che per l'intera tratta ci sia stato vento a quaranta, magari anche cinquanta chilometri all'ora. Chi dice che la direzione a un certo punto non sia cambiata, dopo che siamo ripartiti da Bengasi?

Se ha smesso di essere in coda, verso dove ha tirato?". Tonio immagina la loro posizione come un puntolino entro un quadrato di quattrocento chilometri di lato. E non sa dove collocarlo. Il che, in un certo senso, lo consola del fatto di non avere una radio. Ha scelto di sacrificarla per caricare carburante extra. Ora, sempre ammesso che non si fosse rotta nell'impatto, servirebbe al massimo per comunicare che sono sopravvissuti. Ma non dove si trovano. Quindi sarebbe inutile.

Intanto Prévot ha finito. Va a sedersi al suo fianco. Dice: «Che cosa straordinaria, essere vivi».

Tonio stenta a gioirne. All'interno dell'area gigantesca che ha disegnato nella sua mente ha preso ad agitarsi un pensiero, come fosse in un recinto.

«Avete idea di dove si trova l'altra lampada?»

«Posso cercarla» risponde il meccanico. Non ha fatto in tempo a prendere fiato, che già si rialza. È il tipo dell'orso mansueto. Infila il muso nell'abitacolo-alveare, a caccia del miele singolare che gli ha domandato il pilota. Risale. Fruga. Torna quasi subito da Tonio, che nel frattempo si è alzato a sua volta.

«Fatemi una cortesia: tenete la vostra lampada alta sopra la testa.»

Prévot strappa anche da questa la carta. La getta a terra. Poi si mette nella posizione richiesta.

«Così?»

«Benissimo» dice Tonio, che ha afferrato la sua, di lampada. «Restate qui, per favore, facendo da punto di riferimento. Voglio allontanarmi senza correre il rischio di perdermi.»

Si avvia curvo in avanti. Avanza lentamente e osserva con attenzione, come se cercasse un gioiello perduto. Nello stesso modo, appena prima di precipitare, guardava giù nella cenere del cielo, verso tracce di vita che gli si negavano. Adesso sembra che le cose non vadano diversamente. L'incedere è sempre compassato. Tonio segue il disco bianco disegnato a terra dalla lampada, lo fa rimbalzare qua e là, lo blocca per poi rimetterlo in moto, ma niente. Non sono i pezzi di lamiera sparpagliati attorno o il solco lasciato dall'aereo come da un aratro a interessargli. E neppure le pietre nere e rotonde su cui la luce scivola, confermandogli che sono state quelle a salvarli.

A un certo punto si china, raccoglie un oggetto, se lo mette in tasca. Ma si capisce che non era il suo obiettivo: ha trovato qualcosa, sì, ma non quello che cercava. Cambia direzione, disegnando un arco che ha la lampada di Prévot come centro. Ancora niente. Allora si volta, torna verso l'aeroplano. Ne approfitta per continuare a investigare il suolo. Quel gioiello perduto... Nessun gioiello, a quanto pare.

Ora è di nuovo al cospetto del meccanico, che abbassa il braccio indolenzito e lo fissa con curiosità.

«Non ho veduto un solo filo d'erba, André.»

Cercava una ragione per sperare e non l'ha trovata. Desiderava che la vita gli offrisse un cenno anche minimo, ma la vita è rimasta muta.

«Soltanto queste» aggiunge poi, tirando fuori il mezzo pacchetto di Lucky Strike che aveva con sé in cabina. Deve essere volato fuori quando i finestrini sono esplosi.

Prévot fa cenno che vuole fumare. Tonio si infila

la lampada sotto l'ascella, usa entrambe le mani per porgergli una sigaretta e metterne una anche tra le proprie labbra. Cava l'accendino di tasca. Stanno in piedi a fumare, nella notte sahariana.

"Un quadrato di quattrocento chilometri di lato" considera ancora Tonio, e chissà quanto dista da loro il primo filo d'erba... Cerca di scacciare il pensiero. Ripete a se stesso che in fondo non ha compiuto che una svelta perlustrazione, scegliendo a casaccio un fazzoletto di terreno attorno a loro. Spesso una parte non è rappresentativa del tutto. Sa di non credersi, ma finge di farlo. Si è imposto di usare la parola «terreno» nel ragionamento, anche se in realtà quella che ha visto è soprattutto sabbia. Si impone inoltre di visualizzare davanti a sé la mappa, disegnandoci sopra il quadrato e iniziando a colorarlo di verde, come fosse un grande giardino. Una frazione di secondo dopo, inattesa, ecco l'esplosione. Quella della sua voce, che coglie di sorpresa anche lui.

«L'acqua!» grida, gettando la sigaretta a terra.

Prévot capisce, si libera del mozzicone. L'impatto ha sfondato i serbatoi di carburante. E quelli dell'acqua?

Puntano le lampade verso il Simoun. È il meccanico a infilarsi attraverso lo sportello che non verrà chiuso mai più.

«Le riserve sono andate.»

Tonio lo sente imprecare a bassa voce. La sabbia si sarà già bevuta tutto. E non restituirà neppure un filo d'erba.

«I thermos?»

«Ci guardo.»

Fino a che lo sente rovistare, la speranza è lecita.

«Quello del caffè è rotto, ma dentro ce n'è. Quello del vino invece s'è salvato, solo che a scuoterlo non sembra più di un quartino» dice Prévot.

«È nella bachelite, il caffè?»

«Sì.»

«Ci saranno finiti dei frammenti.»

«Credo anch'io.»

«Va filtrato.»

«Vediamo se mi è rimasto un fazzoletto pulito» dice il meccanico. Un attimo dopo conferma: «Sì, sì, ce l'ho».

«Passatemi i thermos e venite fuori.»

Per primo fa la sua comparsa quello del vino, che Prévot tiene saldo tra le mani. Tonio lo prende con la destra, perché con l'altra ancora regge la lampada, quindi lo mette per terra, tra i suoi piedi. È d'ottone e ben avvitato. Poi è la volta di quello del caffè, che invece richiede cautela. Dopo che gliel'ha consegnato, il meccanico esce dal Simoun.

«Andiamo ad appoggiarci sull'ala.»

Girano intorno al biposto. Dalle orbite vuote dei finestrini sgorga la luce che Prévot ha abbandonato all'interno.

«È meglio che ve ne occupiate voi» dice ancora Tonio.

Prévot sistema i due thermos uno a fianco dell'altro: «Mi sa che un terzo contenitore non lo abbiamo. Ma se li mischiamo non ci serve».

«Per me va bene.»

Il meccanico si mette all'opera. Svita il tappo-bicchiere del thermos con il vino, si sofferma a valutarne il contenuto – «Forse un quartino abbondante» – poi appoggia sull'imboccatura il fazzoletto pulito che ha sfilato da una tasca del giubbotto. Con la sinistra stretta a tenaglia lo tiene in posizione, mentre con la destra afferra quello che un tempo era il thermos del caffè. Ormai è semplicemente un tubo scuro solcato da scanalature longitudinali che termina in cocci aguzzi. Comincia a versare con estrema cautela. Illuminato dalla lampada di Tonio, il caffè scende a filo come fosse olio. Solo verso la fine dell'operazione, il filo si fa a tratti irregolare. Allora Prévot rallenta la rotazione del polso, si adopera perché neppure una goccia tracimi. Poi, quando ha finito, appoggia con grazia il contenitore ormai vuoto sull'ala. Attende che il liquido che ancora si trova nella conca del fazzoletto, trattenuto da certi granuli d'indefinibile natura che c'erano finiti dentro, ne oltrepassi le fibre. Ecco, ora l'operazione è conclusa. C'è stato tutto.

«Avete sete?»

Tonio scuote la testa: «Se non ne avete neppure voi, André, direi di conservarlo».

«Mi sta bene.»

«Piuttosto, forse potremmo mangiare. Sempre se ce n'è.»

«Aspettatemi qui, così almeno stiamo seduti.»

Tonio si accomoda, mentre Prévot aggira la carcassa del Simoun, questa volta dalla parte della coda. Va a rovistare tra le sue cose, lasciando il pilota solo con i propri pensieri, che poi vuol dire tornare alla matematica di quel volo sfortunato. C'è un dato ulteriore, da tenere a mente: meno di un litro di roba da bere. Mentre ancora non sanno un bel niente della loro posizione. Se sono riusciti a procedere in linea retta, seguendo la rotta che avevano comunicato a Bengasi, i soccorsi ci metteranno otto giorni a trovarli. O anche solo sette, ma non di meno. Se sono andati alla deriva lateralmente, ci vorranno sei mesi. Il bilancio della disavventura è in perdita, su questo non c'è dubbio. Neppure nel caso migliore, infatti, quello che c'è nel thermos basterà per sopravvivere.

Finalmente Prévot torna e si siede a mezzo metro da Tonio. Appoggia tra loro un cestino di vimini un poco schiacciato, quindi scioglie i lembi del fagotto che contiene. Compare un'arancia, dell'uva miracolosamente intatta e un panino al latte.

«È la colazione che mi ha preparato Renée.»

«Non l'avete mangiata?»

«Al Bourget c'era troppa confusione. Magari qualcuno mi avrebbe fotografato con la bocca piena e non mi andava. Così l'ho messa via.»

«Siate benedetto.»

Prévot accarezza la pezza che accoglie gli alimenti. Stringe tra il pollice e l'indice della destra l'orlo regolare, come a saggiarne la consistenza. Certo, sarà una pezza di risulta, ma Tonio non ne dubita: Renée è sarta, avrà voluto renderla dignitosa prima di darla al marito. Così allunga il braccio, posa la mano sulla spalla del meccanico. «Coraggio, André» dice. «Coraggio.»

«Mangiamo» risponde quello guardando fisso davanti a sé. «Io comincio dall'uva e vi lascio la vostra parte. Voi fate altrettanto con l'arancia o con il panino.»

Poi non resta che tornare alla cabina per la notte. Che ore sono? Tonio è spossato, non ricorda neppure se l'orologio che porta al polso segue ancora il fuso di Parigi o se invece l'ha sistemato, prima di ripartire da Bengasi. Certo, aveva deciso di farlo, ma il gesto che crede di aver compiuto è stato depositato tra i suoi ricordi dalla realtà o dall'immaginazione? Non importa. D'altro canto non sa neppure quando verrà l'alba. Ne ha viste tante, quando era caposcalo a Cape Juby, ma il Marocco è a mezza Africa di distanza da dove si trovano ora. Non ha senso pensarci.

Si sistema al posto di guida, chiudendo per bene il cappotto e incrociando le braccia per scaldarsi. Alle sue spalle Prévot starà facendo lo stesso. Lo sente aggiustarsi nel buio, dopo che hanno spento le lampade. Poi, come al termine d'un lungo ragionamento di cui si vogliano tirare le fila, bisbiglia: «Che peccato».

«Cosa, André?» chiede Tonio senza voltarsi.

«C'era un'ottima possibilità di farla finita sul colpo.»

Non si danno la buonanotte in altro modo, queste sono le ultime parole che si scambiano. Anche se Tonio ha fatto in tempo a fortificare dentro sé l'idea che non ci si debba disperare e da domani occorra mettersi in marcia in cerca di scampo. Per quanto labile sia, il miracoloso salvataggio dalle vie d'aria non va sciupato. Se ci fosse un'oasi vicina? Ma non è questo il momento di convincere il compagno. Ora bisogna recuperare le forze. Domattina lo seguirà docile, ne è sicuro.

Eppure l'adrenalina stenta a scemare, consegnando ancora una volta il pilota ai propri pensieri. A partire dal thermos del caffè: l'ha comprato costringendo Jean, che era alla guida, a fermarsi lungo il tragitto dal Pont Royal al Bourget. Quindi c'è voluta una seconda sosta in un bistrot per farlo riempire. "Dobbiamo averlo abbandonato sull'ala" pensa ora Tonio. Hanno riportato in cabina solo quello di ottone.

Poi la mente fa un salto all'indietro e Tonio è di nuovo con i Bernard e Consuelo a passeggio lungo boulevard de Clichy. A un certo punto si era congedato chiedendo agli altri di proseguire: li avrebbe raggiunti. Alla domanda di Raymond su quale stravaganza stesse inseguendo, aveva reagito mettendo in mostra i denti con un gran sorriso, ma senza spiegare. Poi si era voltato ed era tornato indietro, mentre gli altri proseguivano. Così aveva potuto raggiungere una donna adocchiata passando. Stava seduta al proprio tavolinetto come se non sentisse il freddo, quasi invisibile tra i banchi della fiera. Fumava una corta sigaretta con un bocchino d'argento, guardando dritto davanti a sé.

«*Madame*...» l'aveva approcciata Tonio, curvandosi su di lei.

«*Madame* Vidi.» La donna si era presentata dopo aver allontanato di un niente il bocchino dalle labbra. «Posso aiutarvi?»

«Siete un'indovina, vero?» aveva chiesto ancora lui. Ma la cosa era evidente: dal mazzo di tarocchi poggiato sul tavolino, da com'era acconciata, dalla seggiola vuota destinata ai clienti.

«Se avete domande migliori di questa, potete sedervi.»

Così Tonio aveva fatto. Si sentiva enorme, in quel momento, e in effetti il piano del tavolino non era largo più di due spanne, la seduta su cui si era accomodato lo sosteneva a stento e anche la donna era minuta. Lo sembrava ancora di più per via dei lineamenti del volto, che erano fini e particolarmente incisi, grazie al trucco. Enorme, Tonio, lo era davvero.

«Dunque?»

Dentro l'uomo erano entrate in rotta di collisione la volontà e la paura di sapere. Esito di quello scontro era stata una domanda imprecisa come una fotografia presa da lontano.

«Domattina parto per un lungo viaggio di lavoro. Andrà bene?»

«Mettete la mano sul mazzo e ripetete.»

Tonio aveva eseguito, poi *Madame* Vidi si era riportata il bocchino alle labbra, gli aveva preso i tarocchi da sotto le dita, li aveva mischiati e aveva iniziato a disporli davanti a sé con indolenza. Una prima fila di cinque, una seconda fila sempre di cinque, infine una terza e ultima fila uguale alle prime due. Ecco fatto un rettangolo. Una pagina tratta dal libro del suo destino? La donna si era riservata il tempo di una lettura attenta, mentre attorno a loro i parigini continuavano a passeggiare e ai banchi si susseguivano le contrattazioni.

«No» era stato il responso di *Madame* Vidi. «Le carte mi dicono che non arriverete neppure a destinazione.»

Tonio aveva sussultato.

«In che senso?»

«Vi si guasterà l'automobile o forse perderete il treno. Qualcosa del genere, immagino. Lo sapete voi come avete organizzato il vostro viaggio.»

Il Tonio di adesso, che ripensa a quel momento, sa come sono andate le cose. Il Tonio della sera prima invece aveva domandato quanto le doveva, aveva pagato e infine si era tirato su con volto terreo. *Madame* Vidi gli aveva consegnato un biglietto su cui c'era l'indirizzo della propria abitazione: «Se avrò detto il vero, magari avrete desiderio di consultarmi ancora». Tonio lo aveva infilato in tasca. E si era allontanato da lì pensando che se aveva detto il vero, probabilmente non ci sarebbe stata altra occasione di incontrarsi.

«Stai bene?» gli aveva chiesto Raymond vedendolo scosso, non appena aveva raggiunto lui, sua moglie e Consuelo. Aveva annuito, ma nonostante questo era disceso un certo gelo nel gruppetto, come accade quando si sta in compagnia di un amico che abbia appena subito un lutto e per errore il discorso lambisce l'argomento. Per quello, forse, a Tonio era venuto in mente di fare un salto in drogheria. L'avere un obiettivo comune aveva allentato la tensione. Nessuno si era azzardato a chiedere dove fosse sparito, in quel quarto d'ora.

Tonio infila la mano in tasca, in cerca del biglietto consegnatogli dalla donna. Se potesse parlarle ora, grazie a un misterioso dialogo mentale, le chiederebbe se riuscirà a vedere nei cinema *Anne-Marie*, il film girato da Bernard su una sua sceneggiatura. Le riprese sono terminate in ottobre e anche il montaggio è quasi concluso. Dovrebbe essere distribuito a inizio marzo. Ma Tonio non trova né il biglietto, che avrà appoggiato sulla credenza nella camera da letto dell'appartamento al Pont Royal, né una risposta.

Non era la prima volta che si rivolgeva a un'indovina. Era successo, per esempio, quando aveva venticinque anni. All'epoca viveva a Parigi da solo. Aveva concluso il servizio militare, fatto il contabile e tentato la carriera del commesso viaggiatore senza successo. Stava decisamente cercando la sua strada e, per compagnia, una donna intelligente a cui chiedeva soprattutto una cosa: saperlo confortare. Qualche volta le cose andavano per il meglio, come con la cappellaia di Dompierre-sur-Besbre o con la bionda Lucie-Marie fresca di diploma in conservatorio. Qualche volta no, come con la graziosa manicure ceca a cui aveva dichiarato il proprio amore ottenendo come risposta un impertinente «Lei non è il primo» o con la segretaria delle officine Saurer, sua collega piccola ma voluttuosa, che non lo salutava neppure. A un certo punto, dunque, aveva consultato una maga russa. Quella gli aveva fatto le carte e lo aveva rassicurato sul fatto che il matrimonio era imminente: avrebbe incontrato entro otto giorni una bella vedova, e sarebbe stata la donna giusta per lui. Due settimane dopo non era ancora accaduto nulla e così ecco sorgere in lui un'*amitié amoureuse* per Renée de Saussine, con cui aveva trascorso l'estate. Ma la maga non aveva sbagliato, se non sui tempi. Consuelo ci avrebbe impiegato cinque anni a entrare nella sua vita.

3

Tonio viene richiamato nell'abitacolo dal respiro sonoro e regolare di Prévot, che nel frattempo è riuscito ad addormentarsi. Nel silenzio del deserto non si sente altro. È felice per lui, ma lo invidia. Avrà trovato un pensiero rasserenante a cui abbandonarsi o sarà stata sufficiente la stanchezza? Al pilota, ormai è evidente, la seconda non basta. Ma dove scovare il pensiero giusto? Ecco che subito ricominciano come una febbre i ragionamenti su dove si trovano e sul fatto che, a rigor di logica, speranze che li raggiungano in tempo non ce ne sono. Tuttavia deve sforzarsi di pensare agli incidenti che ha già avuto. Al fatto che se l'è sempre cavata. Sono passati giusto due anni, per esempio, da quando ha rischiato di annegare a bordo dell'idrovolante che aveva fatto capovolgere atterrando nella baia di Saint-Raphaël. Era dicembre anche allora. E non è stata l'unica occasione, ma è sempre andato tutto bene. Deve convincersene.

È a questo punto che Tonio, senza quasi rendersene conto, torna a Saint-Maurice-de-Rémens. I disastri aerei più recenti fanno da calamita e chiamano a sé, nella memoria, il più antico tra loro. Adesso il pilota è la puntina di un giradischi poggiata all'inizio dell'estate dei suoi dodici anni, pronta a correre lungo i solchi e a far librare in aria le vicende di allora.

Eccolo di nuovo nel giardino del castello in cui durante le vacanze *tante* de Tricaud lo ospitava insieme alle sue sorelle, a suo fratello e a sua madre. Era un giorno dispari, quindi avevano in visita il curato, padre Montessuy. Veniva volentieri a cena, poi giocava a bridge con i grandi, finendo per batterli quasi sempre. Questo gli offriva il destro per sostenere che la sua missione in quelle serate era di insegnare loro come giocare meglio. C'era però anche un altro modo di sdebitarsi, di cui il religioso avrebbe fatto volentieri a meno: soddisfare le curiosità di Tonio. Visto il gran rispetto che tutti, a partire da *tante* de Tricaud, tributavano a Montessuy, il bambino si era messo in testa che fosse dotato di chissà quale sapienza. Così, anche se naturalmente il tavolo da bridge era precluso ai bambini, poiché le partite avvenivano in giardino non era raro che Tonio se ne stesse comunque lì, a una rispettosa distanza, dritto come una sentinella nei suoi calzoncini di cotone, attendendo una pausa del gioco.

Quella sera Biche, Monot e Didi stavano colorando in camera loro, mentre come sempre François era con lui. Di due anni più piccolo, rimaneva anche due passi indietro, in attesa che Tonio avesse l'occasione di aprir bocca. Conosceva l'argomento che il fratello avrebbe sottoposto al curato e fremeva per conoscere le risposte.

Finalmente la *tante*, le cui volontà scandivano i tempi e le vite di tutti, lì a Saint-Maurice, guardò nella direzione di Tonio. Poi girò gli occhi verso il religioso e disse: «Mi pare che abbiate visite». Infine, rivolgendosi al bambino, concluse: «Fai presto».

«Se mi permettete...» cominciò Tonio. «Voi certamente conoscete i fratelli Wright.»

Montessuy annuì: «Certamente. Proprio come dici tu».

Tante de Tricaud – che era poi zia di sua madre Marie, quindi per Tonio come per i suoi fratelli era prozia, anche se per tutti, ugualmente, restava pur sempre una contessa – atteggiò le labbra a un certo sorrisetto compiaciuto. Gli orecchini, ai lobi, tremarono come se avessero freddo; lo stesso fece la pelle lasca sotto il mento, mentre la gran crocchia di capelli grigi fissata sulla nuca non si mosse. Tonio tuttavia non trovò, in questi piccoli segnali, motivo di scoraggiarsi.

«E senz'altro, a maggior ragione, anche il nostro Blériot.»

«Senz'altro e a maggior ragione. Credo che non vi sia francese che non lo conosca.»

Su questo non sbagliava: erano passati tre anni da quando aveva trasvolato la Manica, ma era stato il primo in assoluto a farlo e dell'impresa ancora si parlava. Soprattutto perché aveva bagnato il naso agli inglesi.

«Potremmo cercare qualche altro nome, ma il discorso resterebbe comunque lo stesso» disse a quel punto Tonio. «Quello che hanno in comune i Wright e Blériot, ce l'hanno in comune tutti quelli fatti come loro, no?»

Il ragionamento era volutamente vago, perché non si indovinasse dove sarebbe andato a parare. Il che sortì l'effetto voluto: un po' d'attenzione da parte dei grandi che stavano seduti al tavolo. Mentre in François, che ascoltava alle spalle del fratello, montava l'orgoglio.

«Non saprei. A meno che tu non ci dica di cosa si tratta» rispose Montessuy.

«I fratelli Wright si sono costruiti da sé il proprio aliante. Anche Blériot ci si è messo da solo, prima di incontrare l'ingegner Saulnier. Ce l'hanno fatta a forza di provare e riprovare, lavorando con le proprie mani.»

«È un insegnamento giusto» disse il curato condiscendente. Certo non sperava di cavarsela così a buon mercato, ma chissà... «E sono delle belle storie. Vale la pena conoscerle.»

«C'è poi un'altra cosa, che hanno in comune» proseguì Tonio. «Tutti quanti hanno preso qualcosa che esisteva già e ci hanno aggiunto un motore. Ora, dunque, mi chiedevo: se ha funzionato con un aliante... Voi ritenete che sia possibile farlo anche con una bicicletta? Un'altra bella storia che conosco, in effetti, è quella del principe de Sagan, che tanti anni fa riuscì a sollevarsi pedalando al Bois de Boulogne...»

«Tonio» lo interruppe Montessuy, «io temo proprio di non saperne abbastanza per esserti utile.»

«Eppure una sera vi ho sentito dire che conoscete come si guida l'automobile!»

«Il tuo ricordo è corretto, ma troppo generoso. Ho detto che un paio d'anni fa ne ha acquistata una quel mio caro cugino che sta a Lione e che quando vado in visita la conduciamo a turno, perché ci ha tenuto a insegnarmi. Ma capita di rado e mi fermo poco. L'avrò adoperata in tutto cinque o sei volte, se faccio giusto il conto.»

«Però, insomma...» Tonio vedeva come sfuggirgli dalla gabbietta l'uccellino che era riuscito a imprigionare. Perché a dire il vero non gli importava l'opinione del curato, ma la sua approvazione. Sapeva già benissimo da sé che il tentativo con la bicicletta era da farsi. Aveva un progetto, in merito, e quella scenetta, se solo fosse andata come sperava, serviva per dargli l'avvio. «Voi una certa competenza l'avrete pure.»

«Anche fosse, piccolo Tonio, sarebbe una competenza ad andar per terra. Mentre tutti i signori di cui ci hai parlato hanno attraversato il cielo.» A quel punto Montessuy si rese conto dell'impazienza di *tante* de Tricaud, seduta dirimpetto a lui: aveva imparato a decifrare un certo fremito delle sue narici. Gli altri ospiti, a partire da mamma Marie, sarebbero stati disposti a prestare ancora orecchio, ma era venuto il momento di tornare al bridge. «Figliolo, questi tuoi begli interessi sono la promessa di riuscir bene nelle scienze. Impegnati a scuola e chissà che, bicicletta volante o altro, qualche impresa possa rendere te degno della fama di Blériot e noi tutti fieri. Hai dalla tua il tempo e l'intelligenza che servono.»

Tante de Tricaud intervenne soddisfatta: «Tonio, s'è fatto tardi, tu e François ora potete andare. Ci hai raccontato delle belle storie e ne hai avuto in cambio un incoraggiamento altrettanto bello. Che vale per entrambi».

Tonio e François, che fino a quel momento non aveva aperto bocca e che lo avrebbe fatto soltanto per porgere rispettosamente la buona notte, si girarono verso mamma Marie, ricevendone in cambio uno sguardo pieno di dolcezza e un grazioso cenno del capo. Si congedarono.

Se pure quella sera Tonio non aveva incassato l'approvazione che sperava, fin dall'indomani si era messo d'impegno per farsi regalare un motore di lì a tre settimane. Vale a dire il 29 giugno, giorno del suo dodicesimo compleanno. Per questo tornava di continuo alla carica con la madre, spalleggiato da François, chiedendo un motore pur che fosse. Andava bene vecchio, usato, da accomodare... Un motore piccolino, della più piccola motocicletta, per esempio. Sarebbe andato benissimo, anzi, sarebbe stato perfetto. Poco peso, maggior possibilità di alzarsi in volo. E, di certo, una spesa minima. Era stato inoltre così bravo ad accendere il desiderio in François, che il bambino si era dichiarato pronto a rinunciare al regalo per il suo, di compleanno, se Tonio avesse avuto il motore. Tanto febbraio era così lontano... Ci avrebbero lavorato insieme. Del resto, non aveva detto *tante* de Tricaud che l'incoraggiamento di padre Montessuy valeva per tutti e due?

Così accadde. Chiuso in una cassetta, come se si

trattasse del più favoloso tesoro dei pirati, a fine giugno un motore recuperato chissà come giù al villaggio prese la via del castello. La parte inferiore era identica a una scatola tonda di biscotti al burro, di quelle di latta, messa diritta come se la si volesse far rotolare. Da un lato sporgeva un perno a cui forse in origine doveva essere stata collegata una biella o un pedale. Sopra la scatola, c'era una specie di torretta scura tutta circondata di lamelle, con in cima due attacchi tondi a cui potevano essere collegati dei tubi. Quando lo vide Simone, detta Monot, che aveva due anni più di Tonio, disse che sembrava una specie di grande flacone per il profumo, di quelli in cristallo con la pompetta per spruzzare. Il paragone era impertinente, visto il nobile progetto cui il motore avrebbe prestato i propri servigi. Ma si sa come sono fatte le femmine e soprattutto quella speciale categoria di femmine che sono le sorelle maggiori. Tonio e François decisero di non dare peso al paragone. Si misero invece all'opera per farlo funzionarc.

Con le mani sporche d'olio, i due fratelli consacrarono interi pomeriggi a quel motore. Riuscirono così a dotarlo di un serbatoio recuperando dal capanno del giardino un annaffiatoio che era ormai ora di buttare, di cui con pazienza ripararono il fondo e tapparono l'apertura sotto il manico. Ne smontarono alcune parti e le rimontarono correttamente una volta lubrificate. Scoprirono che l'accensione non dava la scintilla perché si era arrugginita: bastò della paglietta di metallo e un po' di pazienza, perché conducesse di nuovo. Dove scovassero le nozioni per portare avanti il lavoro era un mistero, ma la passione di Tonio veniva da lontano e da tempo studiava l'argomento. E poi comunque non sono poche le cose che si riescono a ottenere a forza di provare. Così, un po' alla volta, il controprogetto di mamma Marie – vederli positivamente impegnati a fare insieme qualcosa che tuttavia non avrebbe mai funzionato – sembrò sempre più destinato a fallire.

Ogni minimo brontolio riempiva di gioia i due fratelli. Lo stavano risvegliando, questo era certo.

Poi, un pomeriggio di metà luglio, mentre si trovavano insieme in cortile, accadde che Tonio affidasse un attimo il motore a François. Voleva andare a prendere dell'acqua, prima del collaudo definitivo, perché aveva idea che si sarebbe potuto surriscaldare. Era il tipo di guaio a cui era meglio porre rimedio subito, se si fosse verificato. Ma Tonio non fece in tempo né ad allontanarsi, né tantomeno a riempire d'acqua una bacinella. Perché non appena ebbe dato le spalle al fratello e fatto i primi passi, sentì che il bambino si era lasciato vincere dall'impazienza e aveva messo in moto il loro tesoro. Tonio a quel punto si girò, vide il motore vibrare e il volto di François illuminarsi per la gioia. Durò un attimo. Poi il motore esplose con un rumore terribile e un pezzo di ferro si staccò, schizzando veloce come un proiettile. Colpì suo fratello appena sopra un occhio. O proprio dentro? Il piccolo si accasciò, coprendosi la faccia con le mani e iniziando a singhiozzare.

«François! François, stai bene?» gridò Tonio. Era

di nuovo vicino a lui, inginocchiato, e lo abbracciava forte. Lo costrinse ad aprire le mani. La faccia era una maschera di sangue, l'occhio sinistro chiuso, con l'arcata sopracciliare che pulsava. «Alzati, dai. Dobbiamo andare a bagnarlo.» Disse così, ma siccome il fratellino non si muoveva lo tirò su a forza. All'inizio fece fatica, perché se ne stava a peso morto, ma poi quando riuscì a metterlo in piedi quello divenne docile e fu possibile farlo camminare. Lo obbligò a chinare il capo sotto la pompa del cortile. «È fredda, ma tu stai fermo lo stesso. È importante.» Dopo che ebbe dato queste istruzioni, azionò la leva ad arco che pescava l'acqua dal pozzo. Un getto dopo l'altro, lavò la faccia del fratello. Poi si tolse la maglietta, la inzuppò e gliela diede perché la tenesse premuta sulla ferita. Solo a quel punto, infine, si permise di avere paura per quello che era accaduto. Iniziò a correre gridando: «François è ferito! François è ferito!» mentre il fratellino rimaneva là, accovacciato a terra, a schiacciarsi la maglietta impregnata d'acqua in faccia con la sola compagnia del brontolio beffardo del motore, che l'esplosione non aveva messo fuori uso.

Così come era venuto, il tesoro dei pirati avuto da Tonio per il compleanno se ne andò. O meglio, sul momento venne sequestrato. Poi, prima di sparire del tutto, per un breve periodo subì l'umiliazione di un reimpiego del tutto privo di nobiltà. Servì infatti per far funzionare un sistema di irrigazione che avrebbe dovuto garantire la crescita di cavoli, carote, patate e tulipani da vendere sovrapprezzo a *tante* de Tricaud.

L'idea era stata di Monot, che aveva smesso di vedere nel motore un grande flacone per il profumo. Se ne era uscita riferendosi a esso come a «quell'oggetto bizzarro, che assomiglia vagamente a un polpo privo di alcuni tentacoli».

Sconfortato perché il suo tesoro ormai funzionava alla perfezione ma era stato convertito a un impiego meschino, Tonio cercò di sottrarsi al gioco dell'orto, che invece mamma Marie vedeva di buon occhio. Se infine anche lui ci si appassionò, rimandando al futuro nuovi tentativi di volo, il merito fu di François. Che riuscì a convincerlo di una cosa: se si fosse scelto una pianta o un fiore di cui prendersi cura, che fosse solo suo, sarebbe stato quasi come avere un animale da compagnia. All'inizio dubbioso, Tonio a un certo punto scelse un cespuglio di rose rifiorenti. Un giorno gli sembrò addirittura che bisbigliassero tra loro. Naturalmente dovette trattarsi di un brusio d'insetti insieme a una qualche eco di voci tra le stanze del castello e il giardino, che faceva chissà come un certo andirivieni. Tonio tuttavia lo riferì a François. Il fratello fece la sua bella risata cristallina, poi disse: «Vedi? A dedicare tempo ai fiori, diventano così importanti che alla fine sembra che parlino. Il prossimo anno ci impegneremo a fare quattro chiacchiere con il motore. Vedrai che riusciremo ad addomesticarlo».

Poi era corso via.

Il motore, l'anno seguente, non c'era più.

Il cespuglio di rose, invece, sì.

A queste cose Tonio torna a pensare il mattino dopo, una volta sveglio. Perché non appena è scivolato con la mente verso Saint-Maurice, ragionamenti e ricordi si sono mischiati ai sogni. E così ha potuto trascorrere la notte in calzoncini a giocare in quel lontano giardino insieme a suo fratello.

II

Parigi
domenica 29 dicembre 1935

4

ICI REPOSE UN SOLDAT FRANÇAIS MORT POUR LA PATRIE.

La frase è scritta bella grande su una lastra di pietra ai piedi dell'Arco di Trionfo, rivolta a place de la Concorde. A vegliare su di lei sta un braciere tondo e basso. È una specie di ruota di bicicletta con il fuoco al centro, in una conca annerita dalla combustione, mentre intorno si allarga una raggiera di spade con le punte rivolte all'esterno. Consuelo è stata attirata dalla danza della fiamma, ma ora sono soprattutto quelle a incuriosirla. Hanno lame larghe, tozze, e corti manici. Più che spade, sembrano daghe dell'antica Roma. Chissà cosa c'entrano, con i soldati caduti in guerra. Però la fiamma è bella. Ora la donna torna a consegnarle il proprio sguardo. Gli occhietti neri da indigena luccicano, mentre la indaga. È una piccola bandiera che sventola verso l'alto, più impalpabile della seta. Galleggia sulla conca annerita, senza appoggiarcisi davvero.

Il fuoco accende il pensiero, o meglio lo spirito. A

Consuelo sembra di sprofondare nello spazio oscuro che immagina sotto la lastra. Il buio è gremito di sussurri che chiedono pietà. A volte le capita di immaginare le voci dei morti, e subito si commuove. Accade anche adesso, con gli occhi che le si fanno ancora più lucidi.

C'è freddo e il cielo sta rischiarando lentamente. Gente in giro ancora non se ne vede. E se anche qualche nottambulo sta rientrando svagato, o qualcuno dei lavoratori afflitti dei giorni di festa accelera il passo su un marciapiede in lontananza, a lei non importa. Ora è tutta presa da una preghiera senza parole, da una meditazione senza filosofia. Le voci dei morti da lamentose che erano si fanno riconoscenti, poi scemano frettolosamente, calano fino al silenzio perché Consuelo possa concentrarsi su Tonio in volo e su se stessa che lo attende. Quando ha chiesto a Lucas di accostare e lasciarla qui, al rientro dal Bourget, era solo perché intendeva bere con tranquillità un caffelatte sugli Champs-Élysées, prima di rientrare al Pont Royal. Sedersi a un tavolino, scaldarsi un po', leggere un giornale e infine fare una passeggiata... Poi però è stata attratta dalla fiamma. Non l'aveva mai notata. E del resto non le era ancora capitato di trovarsi ai piedi dell'Arco di Trionfo prima del sorgere del sole, di domenica, senza gente attorno.

Alza la destra, con le dita rese ancora più affusolate dal cuoio nero dei guanti. Fa un piccolo cenno di saluto. Poi si volta. Davvero è il momento di avviarsi per gli Champs-Élysées.

Attraversata la strada, si incammina tenendo serrati con le mani i baveri del cappotto per proteggere il collo. Muoversi le farà bene, come le farà bene, finalmente, bere il suo caffelatte. La prima caffetteria che incontra, però, è ancora chiusa. C'è sì un cameriere al lavoro, ma sta portando fuori un tavolino. È il primo e chissà quanti dovrà metterne. Consuelo rallenta il passo. Vorrebbe chiedere, ma le pare indelicato. Costa fatica, spostare quei tavolini. Hanno il piano in marmo e sotto, a reggerlo, una spessa colonna di metallo tutta decorata, che termina con quattro zampe di leone. Dopo che l'ha collocato, l'uomo si raddrizza, si porta le mani ai fianchi, sbuffa. Ha la faccia rossa. No, davvero non lo si può disturbare, e poi per cosa? Tavolini, seggiole, tovaglie, portacenere, menù, graziosi vasetti ognuno con il suo fiore, il tendone ben teso... Ce ne vorrà, ancora, perché abbia finito. D'altro canto non sono neppure le otto.

Consuelo aguzza la vista. Ecco laggiù un altro paio di caffetterie, ma la situazione è la stessa, sono in via d'allestimento. Sbircia tra gli alberi, cerca sul lato opposto della strada, le pare di vederne ancora una, ma chiusa del tutto. Chissà a che ora è andato via l'ultimo cliente, ieri. A quanto pare, ci vorrà tempo perché possa avere la sua colazione. Forse avrebbe dovuto farla con Tonio. Ma era piena notte. S'era svegliato alle quattro, tutto felice, e aveva cominciato a cantare *Les temps des cerises* nel letto accanto a lei.

«Ma è già ora?»

«Tra poco Lucas e Prévot saranno qui!» aveva urlato, traboccante di gioia. La stessa, incontenibile, che in genere appartiene solo all'infanzia e che invece suo marito aveva conservato intatta in sé.

«Allora alziamoci» aveva concesso lei.

Lanciate le coperte di lato, Tonio si era levato a sedere sul letto e stava già accendendo il lume sul comodino.

«Cioccolato ce n'è?»

«Una tavoletta soltanto. Però possiamo comprarne altro mentre andiamo al Bourget.»

«Ma io voglio mangiarlo adesso!»

«Non te lo porti in volo?»

«In volo non porto niente, neanche un soprabito. L'unica cosa che ci serve è il carburante, per andare più veloci di Japy.»

Aveva detto così dando le spalle a Consuelo, in piedi, mentre si infilava la camicia. Lei nel frattempo si era seduta sul letto e cercava di convincerlo.

«Forse il cioccolato no, che secca la bocca. Hai ragione. Ma delle arance?» aveva insistito la donna.

«Ne abbiamo?»

«Tutte quelle che vuoi.»

Gli ultimi bottoni richiedevano ogni sua attenzione, per attraversare le asole. Aveva finito di allacciarli e solo a quel punto, mentre recuperava i calzoni dalla seggiola, aveva concluso: «Questo e quelle. Benissimo. Saranno la mia colazione».

«Ma Tonio!»

«È deciso.»

Si era girato verso di lei con un sorriso largo e un

po', a dire il vero, le aveva fatto paura. La fiammella sul comodino lo investiva da sotto e dunque il mento, il naso, gli incavi degli occhi, le orecchie, insomma tutto quanto nel suo volto gettava ombre che lo trasformavano in una maschera. Grande com'era, sembrava che ci fosse solo lui nella stanza. Eppure si stava allacciando i calzoni e se la cavava goffamente, cosa che un demone non avrebbe mai fatto.

«Non so neanche se farò in tempo ad avere fame, quando saremo lassù. Ci staremo talmente poco... Anzi, pochissimo. Te lo prometto.»

Consuelo aveva fatto di no con la testa. Quindi si era alzata e lo aveva raggiunto di là dal letto. In questo modo, le ombre sulla faccia avevano smesso di essere così terribili. Gli aveva appoggiato le mani sui fianchi, lo aveva guardato dritto negli occhi e gli aveva detto: «Mi prometti di non volare al di sopra dell'acqua, Tonio? Nemmeno di un lago o di un fiume. Forse sono sciocca con le mie superstizioni, ma...».

«Avanti» l'aveva incoraggiata lui. «Puoi dirmelo.»

«Sono convinta che l'acqua non ti ami.»

Il marito le aveva preso la testa e le aveva baciato la fronte.

«Io penso che, al contrario, mi voglia un gran bene. Quando è stato il momento, il Mediterraneo mi ha lasciato nuotare come un pesce. Non essere ingiusta con l'acqua, amore mio.»

Poi l'aveva abbracciata, per prevenire altre proteste. E, una volta aperte le braccia, di nuovo allegro aveva detto: «Allora, dove sono le arance e la cioccolata? Guarda che Lucas e Prévot stanno davvero per arrivare. E tu sei ancora in vestaglia!».

Aveva ripreso a cantare *Les temps des cerises*, mentre si preparavano. Almeno su questo aveva senz'altro ragione: dovevano sbrigarsi. E Consuelo ci teneva a truccarsi per bene e a essere bella, quel giorno. Al Bourget i cronisti sarebbero stati accompagnati dai fotografi. Voleva fargli fare la figura che meritava. L'arco delle sopracciglia doveva uscirle netto e sottile, le guance andavano ravvivate, le ciglia dovevano apparire lunghe come in una serata a teatro, per non dire delle labbra, che voleva carnose, ma senza eccessi. Il rosso non si addiceva alla sua carnagione, come tutti i colori squillanti. Ce ne volevano di ribassati, pastosi. E poi, ecco, c'era da dedicarsi ai capelli. I suoi capelli forti e belli, solo che li si sapesse domare. Certi giorni voleva dire assecondarne le onde; altri, come questo, tirarli verso la nuca perché si lisciassero, per quanto possibile. Quindi fare la riga, come accadeva spesso in quel periodo. Non proprio al centro, ma spostata di un nonnulla a destra, a dire e insieme non dire qualcosa. Mentre dietro, a controbilanciare, una specie di chignon non proprio perfetto, tenuto basso e spostato sulla sinistra. Anch'esso, di un nonnulla.

Poi il tempo aveva accelerato, lei era ormai pronta, lui del tutto: gli mancava solo di infilare la giacca, ma il nodo della corta cravatta ocra era già perfetto. Si era seduto un'altra volta sul letto, con una mappa allargata sulle ginocchia e il cioccolato tra le mani. Aveva già mangiato una prima tavoletta, poi ne aveva scovata una seconda che Consuelo non ricordava di aver comprato e si dedicava pigramente a quella. Studiare una volta ancora la mappa gli interessava di più. Sua moglie si trovava in bagno, in quel momento, con la porta aperta. Non poteva vederlo, ma parlargli sì. Così, quando le era presa una voglia improvvisa, aveva domandato: «Sai qual è il mio desiderio, ora?».

«Non posso immaginarlo» aveva risposto Tonio senza alzare la testa.

«Mi piacerebbe fosse già primavera. E raggiungerti a Saigon.»

«Anche lì sarà pieno di arance» aveva detto lui intenerito. «Potresti farmi mangiare tutte quelle che vuoi. Me ne starei tranquillo e ubbidiente, fino all'ultimo spicchio.»

Consuelo era uscita dal bagno, si era diretta verso di lui e aveva fatto in tempo a chiedere: «Ma ci saranno anche le ciliegie?» naturalmente perché in lei *Les temps des cerises* non si era ancora zittita. Non aveva però potuto costringerlo ad alzarsi e ad abbracciarla come avrebbe voluto, perché un bussare timido aveva attirato la loro attenzione. Dopo di esso ce ne era stato subito un altro molto più sonoro e insistito, come se le nocche che percuotevano il legno della porta, dimentiche di ogni cortesia, d'improvviso fossero state prese dalla collera.

«Avanti» aveva concesso Tonio.

Il battente si era spalancato e il mistero era stato chiarito. C'erano lì il cameriere al piano, che senz'altro aveva bussato per primo, e Jean Lucas, cui si doveva imputare l'impazienza. Dietro di loro, si intravvedeva Prévot.

«Perdonate» aveva detto il giovane in divisa. «Questi signori hanno insistito per salire.»

«Del resto quel signore» aveva replicato Lucas, «ha un appuntamento a quattordicimila chilometri da qui. C'è un bel mucchio di soldi che lo aspetta. Però è permaloso e basta un po' di ritardo perché se ne vada altrove. Ma voi ritenetevi libero, mio buon amico.» Si era cavato una banconota di tasca, l'aveva messa in mano al ragazzo e l'aveva congedato.

Prévot si era limitato a un cenno di saluto con il capo, senza aprire bocca, quindi aveva seguito Lucas nell'appartamento. Vale a dire: subito la camera da letto, dove ora si trovavano tutti, e poco oltre due porte, l'una del bagno e l'altra del cucinino.

L'impazienza di Lucas – sentimento che Tonio aveva conosciuto ai tempi dell'Aéropostale e che l'uomo doveva essersi portato dietro come direttore dell'aeroporto di Saint-Étienne, prima di entrare all'Air France – era in realtà una delle molte facce della sua estrema vitalità. Che per gran parte del tempo assumeva i tratti dell'allegria, altre volte dell'ingordigia, altre ancora della rabbia, quando era necessario del coraggio e sempre, comunque, della smania di futuro. L'idea del raid l'avevano avuta Davety e Mermoz – il primo generale, il secondo pilota, nessuno dei due intenzionato a prestare altri soldi allo scrittore –, ma a convincere Tonio era stato lui. Anche se, a dire il vero, la cosa non gli era costata poi molta fatica. La vitalità dell'uno si specchiava infatti nella vitalità dell'altro, e questo stava a fondamento della loro amicizia.

Il viaggio in auto era stato allegro. Tonio aveva detto: «Sapete che Consuelo verrà a trovarmi a Saigon? Aspetteremo insieme la primavera, una volta là. E quando tutto sarà in fiore ci sposeremo di nuovo. Resteremo a viverci per sempre. O forse no, se scopriremo che il mare in Oriente non è docile come il nostro». Era euforico. Aveva attaccato nuovamente con *Les temps des cerises* e subito Lucas, che era alla guida, gli aveva dato man forte. Dai sedili posteriori si era aggiunta la voce di Consuelo. Non quella di Prévot.

Prima ancora di completare l'esecuzione, Tonio si era ricordato: «Il caffè. Siamo senza caffè...».

Avevano fatto una prima deviazione a comprare un thermos e la seconda a farlo riempire in un bistrot. E passi per il bistrot già aperto, ma com'era possibile che Lucas conoscesse dove procurarsi un oggetto del genere a quell'ora, l'ultima domenica dell'anno, restava un mistero. Tuttavia era accaduto.

Ad attenderli, di fronte al Bourget, c'erano i fotografi di «Paris-Soir», de «L'Intransigeant» e di altri giornali. Oltre, naturalmente, ai cronisti. Proprio con «L'Intransigeant» Tonio aveva trovato l'accordo che ora gli permetteva di decollare: René Delange, il caporedattore, gli aveva firmato un assegno come anticipo per sei reportage dedicati al raid che avrebbe scritto una volta messo piede a Saigon. Senza, non sarebbe stato in grado di coprire le spese. Ma c'erano anche Henry de Ségogne, Didier Daurat e Léon

Werth. Il primo era amico di Tonio fin da quand'erano ragazzi e il secondo lo aveva assunto all'epoca dell'Aéropostale, ma era per il terzo che provava una speciale predilezione. Glielo aveva presentato qualche anno prima Delange: si trattava di uno scrittore ebreo che sembrava non potesse starsene seduto comodo su nessuna seggiola. Tonio aveva detto proprio così, una volta: «Léon è buono. Uno degli uomini più buoni che conosca. Eppure non c'è un posto al mondo, per lui. Non gli interessano le sue origini, detesta chi ha potere, non si ritrova né con la nobiltà né con la borghesia, gli obblighi lo mettono di pessimo umore. Insomma, è uno a cui non puoi chiedere di interpretare nessun ruolo. Non sta comodo su nessuna seggiola. Però è davvero buono». Per i giornali si occupava un po' di tutto, dagli accadimenti della vita pubblica francese alle mostre d'arte, con frasette brevi che sbattevano l'una contro l'altra, o meglio stridevano. A Tonio questo piaceva, perché gli sembrava che entrambi fossero sempre in cerca della parola esatta. E poi c'era qualcos'altro, sospettava Consuelo. In Léon, che aveva ventidue anni più di lui, il marito aveva trovato non solo un amico, ma anche un padre. Il suo l'aveva perso prestissimo. Ora per consolazione ecco questo, scrittore come lui, e forse bisognoso a sua volta di quel figlio grande e grosso con cui condivideva la purezza delle intenzioni. Pazienza se in politica la pensavano all'opposto. Ma si sono mai visti un padre e un figlio che non abbiano almeno un campo di battaglia in cui schierarsi su fronti avversi?

«Ma è domenica mattina! Cosa fate già svegli, con questo freddo?»

Tonio era andato verso di loro, e così aveva fatto Lucas, con Consuelo e Prévot subito dietro. Si erano abbracciati e baciati sulle guance tutti quanti a turno, inciampando gli uni negli altri, dandosi goffamente la precedenza e subito dopo infrangendola per errore. Così i fotografi avevano fatto partire la seconda batteria di scatti, dopo quelli alla loro auto. Il che aveva sollevato l'interesse nei pochi viaggiatori che transitavano dentro e fuori l'atrio dell'aeroporto. Più d'uno rallentava il passo, chiedeva lumi a chi era con lui, cercava di conoscere il perché di tanti giornalisti. Quindi tirava diritto.

Erano entrati tutti insieme. Nell'atrio avevano trovato ad attenderli il direttore della struttura, un ometto basso e incolore dal viso cordiale. Poi le cose avevano subìto un'accelerazione e Consuelo le aveva viste accadere come attraverso un vetro: la consegna delle borse di Tonio e di Prévot agli addetti, i commenti eccitati di Lucas e degli altri, il codazzo di giornalisti che li seguivano, la processione verso la pista, le foto con i due protagonisti del raid in piedi vicino all'elica del Simoun, qualcuno che faceva una battuta sul nome dell'aereo (F-ANRY, scritto sia sulla fiancata sia sulle ali; ma lei non ne aveva colto il senso), la Lucky Strike che suo marito si era acceso per darsi un tono (e poi doveva provare un certo imbarazzo, altrimenti non avrebbe guardato a terra), il dettaglio delle righe oblique della cravatta del meccanico a cui fino a quel momento non aveva badato, un addetto in tuta da lavoro e basco che faceva finta di doversi occupare di qualcosa, là dietro, mentre forse voleva soltanto entrare negli scatti. Che naso, aveva… Ma appunto tutto questo accadeva come dietro un vetro, con lo stesso incanto di una nevicata. Consuelo non sentiva neppure i rumori. Fino a che non era venuto il momento del bacio. Lì naturalmente si era riscossa, aveva gettato le braccia dietro la nuca del suo gigante, si era tutta tesa in punta di piedi e gli aveva appiccicato le labbra alle labbra. Ancora foto e insieme anche gli applausi. Com'era forte Tonio, com'era massiccio. Aveva sentito contro di sé i suoi pettorali e il suo ventre, e naturalmente si era aggrappata alla curva delle sue spalle. Le era dispiaciuto doversene distaccare, tornando con i piedi per terra, mentre lui avrebbe volato. Ma era venuto il momento perché tutti si allontanassero e sventolassero le loro mani, mentre il rombo del motore cresceva. Poi l'aereo si era alzato in volo.

5

Consuelo si ritrova sugli Champs-Élysées: ne ha percorso un bel tratto, per non dire che è giunta in fondo, visto che ora è di fronte a place de la Concorde. Mentre i ricordi delle ultime ore le facevano visita, i suoi passi non si sono arrestati. A un certo punto, da una via laterale, era spuntato un drappello di donne in là con gli anni, il cui aspetto non poteva trarre in inganno: erano di quelle che fanno le pulizie per altri. Procedevano appaiate, ognuna con il suo fazzoletto in testa. Forse parlottavano in polacco, o così era sembrato a Consuelo, che aveva imparato a distinguere quella lingua. Nessun altro, tra i passanti via via più numerosi, aveva meritato la sua attenzione. Aveva anche smesso di badare a che punto erano i camerieri nell'allestire le aree all'aperto delle loro caffetterie. Oh, ma eccone finalmente una in piena efficienza, e d'altra parte è ormai ora.

Consuelo guarda dentro attraverso il cristallo della porta, poi appoggia la mano sulla cornice di legno e spinge per aprire. La accoglie, ancor prima del personale di sala, la seta damascata alle pareti. È color vinaccia, più che bordeaux, e a ritmarla ci sono lesene di legno dorato. Gli stucchi, i lampadari, gli specchi: è tutto al proprio posto, ma che impressione che le fa, ora che s'è abituata al freddo dell'aria di fuori. Due tavolini di legno scuro soltanto sono già occupati. Le si fa incontro un cameriere, le sorride: «Desiderate darmi il cappotto?».

«No» si sente dire Consuelo. Un moto difensivo dovuto alla parte animale, più svelto del vaglio della volontà e dell'educazione.

Il cameriere forza il sorriso: «Come ritenete meglio. Va bene un tavolo per voi sola o attendete compagnia?».

«Sono sola.»

«Benissimo. Vi accompagno.»

Le dà le spalle, si avvia. Consuelo rimane immobile. Non sa perché, forse è che ha atteso troppo tempo il suo caffelatte e vissuto abbastanza, per stamattina. D'un tratto le risulta intollerabile trattenersi in mezzo a estranei che non sanno niente di lei e del suo difficile compito, che è quello di attendere. Deve andare via da lì.

«Perdonatemi» dice ad alta voce. Il cameriere si gira, sguardi si levano dai tavolini. «Non mi sento bene.»

L'uomo torna sollecito sui suoi passi: «Cos'avete?».

«Una certa pesantezza al capo.»

«Ditemi se occorre cercare un medico.»

«Siete gentile, ma non dovete preoccuparvi. Mi capita. Viene così, d'improvviso, e basta solo aver pazienza.»

Sta dicendo una cosa vera: la prendono a tradimento, questi mal di testa dai denti aguzzi. Certo, non sta accadendo ora, ma questa piccola bugia le pare lecita, per trarsi d'impaccio.

«Intanto andiamo a sederci, poi vediamo.»

«Vi chiedo magari la cortesia di chiamarmi un taxi, così potrò rientrare a casa senza pena.»

«Provvedo.»

Si accomoda al tavolo più vicino all'ingresso. Le fanno compagnia una brocca d'acqua e un bicchiere, mentre l'uomo va avanti e indietro badando al proprio lavoro. Da dietro il bancone, veglia su di lei il barista. Per non deluderlo resta nella parte: tiene il capo reclinato, con la fronte appoggiata sulla forcella costituita da pollice e indice della mano destra. Sospira un paio di volte, quindi la porta viene varcata dal tassista, dopo cinque o sei falsi allarmi dovuti ad altrettanti clienti. Ringrazia, lo segue fuori.

«Dove vi porto?»

«Rue du Douanier.»

Non è certa di trovare Derain nel suo studio. In estate ha comprato una nuova, grande abitazione a Chambourcy e ha iniziato subito a farla sistemare. I lavori sono stati quasi completati, chissà che ora il pittore non si trovi già là. Oppure in giro: ha un successo tale, negli ultimi anni... Quindi no, non è certa di trovarcelo. Tuttavia è certa che desidera tentare. Se andrà male, potrà pur sempre passeggiare al Montsouris. Le sembra una prospettiva accettabile, per una domenica mattina. Se poi riuscirà a vincere la ripulsa verso gli estranei, lì non avrà problemi a individuare un'altra caffetteria e tornare al piano originario: scaldarsi un po', fare colazione, leggere un giornale.

Il tassista accosta in rue Nansouty, senza entrare in rue du Douanier, che è stretta e chiusa. Leggermente in salita. Consuelo paga, si congeda, scende. Imbocca la via, percorre i pochi metri necessari ed ecco alla sua sinistra la casa-studio. Non sono passati poi molti anni da quando Derain l'ha fatta costruire, e ora ha deciso di andarsene. Eppure è perfetta per un artista, con quella straordinaria vetrata verticale, più larga di un portone e alta il doppio di una finestra normale. Chissà che cosa ne farà. Non importa. L'unica cosa che conta ora è che le pare di percepire dietro i vetri una certa animazione. Varca il cancelletto solo accostato, sale le scale addossate alla facciata e raggiunge la porta d'ingresso. Appoggia la mano sul pomello. È freddo: nonostante il guanto, un brivido le percorre il braccio. Stringe le dita, fa per abbassarlo. Quello cede. Il battente si apre.

Ad accogliere Consuelo, nell'ingresso, c'è Consuelo stessa. Il vestibolo è infatti dominato da una grande specchiera sagomata con cornice in foglia d'oro, che poggia su una consolle. E così una nuova Consuelo identica alla prima emerge dal muro con lo stesso vigore con cui quella originale avanza, dopo aver accostato la porta alle sue spalle. Non sono che pochi passi, viste le dimensioni del vestibolo, ma concedono alla moglie dell'aviatore il tempo di chiedersi che impressione avrà fatto a tutta quella gente che era al Bourget. Sa che se ci fosse qui Tonio la prenderebbe in giro. Ma lui è un uomo, è nato a Lione, ha già vinto il Prix Femina e in capo a quattro giorni avrà stabilito il record nella trasvolata Parigi-Saigon. Com'è più facile, in quelle condizioni, non badare alle apparenze...

Si sfila il cappotto, lo appende all'attaccapanni dove ce ne sono già altri due. Supera lo specchio, prende per lo stretto corridoio, di lì raggiunge lo studio vero e proprio. Conosce le abitudini di Derain: sa che può entrare quando vuole, a patto di non fare rumore.

L'anta fa perno su cardini di burro. Il pittore ha un'attenzione spasmodica per il funzionamento delle cose. È il primo pensiero che Consuelo formula, una volta al di là della soglia. Il secondo è: "Finalmente eccoli, caffè e latte". Nell'aria infatti ci sono entrambi i profumi, entrambi i bricchi sono in cima alla grossa stufa a carbone. Derain c'è piegato sopra, le dà le spalle. Acciuffa una pezza dal chiodo al muro. Ci sono quattro tazze, su un controdavanzale. Ne sceglie una. Consuelo fa un passo in avanti e scopre una modella, seduta su una seggiola di legno. Avrà vent'anni, è completamente nuda, con seni piccoli a muso di volpe che puntano alto e fianchi larghi. I loro sguardi si incrociano, la ragazza sta per reagire – si vede, per un attimo, che i muscoli delle cosce si tendono perché possa alzarsi e che le labbra si dischiudono –, ma Consuelo è abbastanza svelta da portarsi l'indice alla bocca e farle segno di non rompere il silenzio. Sarà d'accordo? Sì, perché torna ad appoggiarsi allo schienale, storta com'era prima, nella posa scelta da Derain. Le labbra che avrebbero potuto tradire ora si modellano a un lieve sorriso, che poi subito scompare.

L'uomo versa, soffia, porta la grossa tazza alle labbra e poi la riappoggia sul controdavanzale, a fianco delle altre. Procede verso la modella, là in fondo alla stanza, e così continua a non vedere Consuelo. Si piega sulla ragazza come prima era piegato sulla stufa. Armeggia con i capelli, che quella portava legati in una coda, e glieli scioglie sulle spalle. Consuelo non saprebbe dire come mai, ma così le sembra ancora più nuda. Forse perché la luce che entra dalla finestra – ce n'è, finalmente; è un bel mattino azzurro di dicembre, come a volte ne capitano a Parigi – ne accende il colore, che da castano s'è fatto quasi rosso. Oltre che più nuda, sembra più giovane e più bella, ora che è divenuta una fanciulla in fiore su cui nessuna ape si è ancora posata. L'ha trasformata in una vergine, Derain, slegandole i capelli. E adesso indugia, con i polpastrelli che solcano le ciocche per sistemarle. Ne annusa l'odore, che chissà se è profumo, e osserva i luccichii del mattino che ci si posano sopra. Consuelo ne approfitta per raggiungere la vecchia poltrona rossa non distante dalla stufa e sprofondarci.

Il pittore dice alla ragazza di appoggiare il braccio sullo schienale della seggiola. Le mostra come piegarlo. Ecco perché era seduta storta. Poi torna al controdavanzale, prende la sua tazza di caffelatte. Infine si gira per raggiungere il cavalletto.

«Voi, Consuelo, così presto qui?» chiede senza scomporsi. Come se avesse sempre saputo che c'era.

«Tonio è partito per Saigon e io non sapevo dove andare. Poi mi sono ricordata della vostra poltrona. Sperando di non recarvi disturbo.»

La faccia dell'uomo che ora la scruta è tutta tonda, come il suo ventre, e l'impressione di luna piena è accresciuta dalla perfetta rasatura. O forse la barba non gli cresce proprio, su quel piccolo mento che quasi scompare dentro le ampie curve delle guance. Infine ci sono i capelli, che porta tirati da un lato, schiacciati sul cranio con la brillantina: anche quelli concorrono alla perfezione dell'ovale.

«Vorrei dipingervi come siete in questo momento. Non muovetevi.»

Consuelo scuote la testa.

«Siete gentile. Ma oggi sono troppo in pena per riuscire a starmene ferma. Forse al ritorno di Tonio.»

«Ho letto che si tratta di un raid. Capisco la vostra preoccupazione.» Derain frequenta la coppia ormai da qualche anno. «Vi andrebbe del caffè?»

«A dire il vero del caffelatte.»

Derain riparte alla volta della stufa, guarda nel bricco, scuote la testa. Quindi raggiunge la poltrona e tende il braccio: «Ecco, prendete il mio. Latte purtroppo non ce n'è più».

Consuelo alza la mano a paletta per rifiutare.

«Non se ne parla. Andrà benissimo il caffè soltanto.»

«Ve ne prego. Lasciate che faccia qualcosa per voi.»

«Ho la poltrona e la possibilità di guardarvi lavorare. Vi sembra poco? Chissà, la prossima volta dovrò arrivare fino a Chambourcy, per un privilegio del genere.»

Consuelo dice così e lo sguardo le si vela. Non che voglia piangere, non ce n'è davvero motivo, se non fosse che da qualche ora ha iniziato a percepire ogni cosa come se si allontanasse da lei, come se fosse iniziata una lenta deriva. Derain appoggia la tazza a terra e per la terza volta stamattina si china in avanti: prima sulla stufa, poi sulla modella, ora su di lei. La stringe. Consuelo si aggrappa all'uomo. Chissà di quanti altri abbracci avrà bisogno, prima che Tonio torni.

La stretta si scioglie.

«Puoi rivestirti» dice Derain alla modella rimasta in posa a osservare la scena, là in fondo allo studio. «Se ti va, c'è una tazza di caffè anche per te. Ma niente latte, ti avverto: quello è mio» dice ancora, sorridendo e cercando di far sorridere le due donne.

«Grazie!» lo soccorre allegra la ragazza, con un timbro di voce squillante. Si rivela ancora più giovane, quando mostra i denti. Per parlare o, come fa ora, per sorridere a sua volta. Poi si alza, sparisce dietro il paravento, torna fuori con un vestito di panno grigio e i piedi scalzi. Ha bisogno di sedersi, per calzare le scarpe.

La giornata trascorre in chiacchiere. Derain e Consuelo iniziano a parlare dei piloti e di che razza di cervellini bizzarri abbiano: si credono immortali, nonostante i tanti compagni scomparsi in servizio. Li ricordano per come li hanno conosciuti, ma dimenticano gli incidenti che li hanno strappati alla vita mentre trasportavano qualche sacco di posta da una sponda all'altra del Mediterraneo o al di là dell'oceano. Non pensano neppure ai propri, di incidenti, se ne hanno avuti e per miracolo sono scampati. Per loro è naturale incontrare un vento-mostro, un vento-drago, un vento-vincitore.

Man mano che riaffiorano i ricordi, Consuelo diventa per Derain e per la modella – che hanno, entrambi, collocato le proprie seggiole di fronte alla poltrona rossa – qualcosa di più di una donna. Contiene infatti tutta intera la vita di un altro e la sua religione per l'aria, che ha accolto e fuso in sé grazie all'amore.

Quando è ora di pranzo la ragazza, che si chiama Sylvie, esce in missione. In studio infatti non c'è niente da mangiare. Il trasferimento a Chambourcy è imminente e già ora è più il tempo che Derain passa là di quello che trascorre a Parigi. Se in questi giorni ci si trova, è più che altro per l'imminenza del Capodanno: dove festeggiarlo, altrimenti? Sylvie, a ogni buon conto, torna con un sacchetto di carta marrone. Dentro ci sono dei *croque-monsieur*. Ha anche una bottiglia di Cabernet. Cavatappi e bicchieri, almeno quelli, nello studio non mancano.

A un certo punto il discorso piega proprio verso la nuova abitazione comprata da Derain e così il tono si alleggerisce. Il pittore racconta com'è fatta e cosa c'è nei pressi: a quanto pare il terreno, di fronte alla veranda vetrata dell'ingresso, declina dolcemente fino a un piccolo lago. «Una pozza, più che altro» lo sminuisce lui. Eppure mentre ne parla non c'è dubbio che sia soddisfatto. Di acqua ce n'è tanta, tutt'attorno, e così vi hanno stabilito la propria residenza alcuni germani reali. Quando sono a terra, Derain si lascia deliziare dal verde brillante del piumaggio che avvolge le piccole teste. Ma è il loro volo potente, lineare, con battito d'ali cadenzato quello che soprattutto ama. Va da sé che quando arrivano a parlare di volo, il discorso torna ancora una volta verso Tonio e il suo raid. Si ricomincia da capo a rimuginare su quelle bestie strane che sono gli aviatori.

Le parole fanno la spola tra i diversi argomenti finché la luce che entra dai vetri, a metà pomeriggio, inizia a smagliarsi e a perdere brillantezza. Consuelo decide che è il momento. Si alza.

«È ora che io tolga il disturbo. Vi sono debitrice di un'intera giornata di lavoro.»

Anche Derain si alza: «Mi ha fatto piacere vedervi. La prossima volta ci sarà anche Tonio: la faremo pagare a lui, la giornata, con i franchi del raid».

Mentre si abbracciano, Sylvie si alza a sua volta. Attende il proprio turno.

6

Prima di rientrare davvero, Consuelo si concede quella passeggiata al Montsouris che avrebbe fatto già la mattina se non avesse trovato l'artista nel suo studio. Il parco è magnifico anche in inverno, e a percorrerne i vialetti ci sono molti più parigini di quelli che si sarebbe aspettata. Ci rimane volentieri finché la luce naturale non cala del tutto e a sopperire intervengono i lampioni. Quindi attraversa il cancello e almeno idealmente si avvia in direzione del Panthéon. Saranno forse tre chilometri, qualcosa di più. E poi di lì ne occorrono altri due, per raggiungere il Pont Royal. Fermerà un taxi, quando lo vedrà, anche se a Parigi ne girano sempre meno.

Non appena Consuelo ha varcato la porta girevole dell'ampio ingresso dell'hotel, il *concierge* ne richiama l'attenzione da dietro il suo bancone di legno scuro. La donna attraversa lo spazio vagamente ovale, si avvicina.

«Buonasera. È arrivato un telegramma per voi.»

«Grazie.»

Il giovane fattorino che siede accanto al *concierge* si alza, lo prende dal casellario alle loro spalle, lo consegna all'uomo. Che, a sua volta, lo consegna a Consuelo. Quella fa un grazioso cenno con il capo e si allontana. Sopra c'è il timbro di Tunisi. La carta è gialla come la sabbia del deserto, ma molto più ruvida e arroventata. La sente attraverso il cuoio dei guanti.

Quanto alla gioia, al mondo vi sono due tipi di persone. Quelle che affrettano il passo per incontrarla il prima possibile, e pazienza se così ne affrettano anche la fine. E quelle che invece lo rallentano, sapendo che se pure la incontrano un po' dopo, un po' dopo svanirà. Consuelo, esattamente come Tonio, appartiene al primo tipo: ogni cosa viene bruciata in fretta e la vita non è che un incendio dopo l'altro, altrimenti non pare degna di essere vissuta. Anche se magari si rimane senza ossigeno... Tuttavia stavolta occorre almeno rientrare nell'appartamento, prima di aprire il telegramma. Sarebbe sconcio, altrimenti, perché questo è il modo che Tonio ha di farle una carezza da dove si trova.

Una volta al sicuro, Consuelo finalmente si lascia vincere dalla foga. Getta a terra il cappotto, i guanti. Sfila le scarpe. Accende il lume sul comodino, perché il chiarore che entra dai vetri è troppo poco. Si getta sul letto. Allarga e stringe le braccia e le gambe. Poi di nuovo e un'altra volta ancora, come se nuotasse. Le serve a scaricare l'eccitazione. Ora è pronta. Prende il telegramma dal comodino. Lo solleva in aria, lo guarda. Poi si gira su un fianco per essere più comoda, scolla la linguetta che lo tiene chiuso, distende le tre pieghe. Finalmente ce l'ha di fronte.

«Cielo terso. Vento nullo. Proseguiamo.» A capo: «Tonio». Nient'altro. Nessuna parola d'amore. Eppure è già abbastanza. Rigirandoselo tra le mani, Consuelo si convince che l'indomani gliene recapiteranno un altro e il giorno dopo un altro ancora. O forse addirittura due: dipenderà da quante volte si fermeranno a fare carburante. Ma certo ne riceverà almeno uno al giorno, basta guardare questo per esserne certi. L'ultimo verrà addirittura da Saigon. O forse no: da lì Tonio chiamerà. Poi tornerà indietro e ci sarà da festeggiare.

Ancora immersa nel tepore della fantasticheria, Consuelo si rimette in ordine. Intende scendere per telefonare a Marie, la mamma di Tonio, e avvertirla che va tutto bene. Il vetro dietro cui le pareva di trovarsi stamattina è infranto. Lei con Tonio è davvero sempre in contatto, ovunque si trovi e qualsiasi cosa stia facendo.

La giornata si conclude con un sonno in cui cade esausta e serena. Contrariamente a quanto le accade di solito, l'indomani Consuelo si sveglierà ben riposata, ma incapace di ricordare alcunché delle visioni notturne che in genere sono vividissime. E neppure ricorderà di aver sussultato, a metà della notte. Del resto, non potrebbe comunque sapere che è avvenuto proprio nel momento in cui il Simoun si schiantava al suolo.

III

Sahara
lunedì 30 dicembre 1935

7

Prévot è stato il primo ad addormentarsi, ma ora la luce che dà la sveglia ai due aviatori non fa preferenze. Entra attraverso i vetri del parabrezza e i telai dei finestrini, che i vetri non li hanno più. È la stessa per entrambi: una luce ampia, intenzionata a farsi densa. Anche se l'aria è ancora quella fredda della notte.

«Dunque, anche stamattina siamo vivi» commenta tra sé il meccanico.

Tonio sente i muscoli della schiena, a partire dai trapezi e giù giù fino ai grandi dorsali, indolenziti. La scapola fa dolorosamente perno sul tubolare metallico dello schienale e il tessuto del cappotto si tende, mentre si gira verso il compagno. «A quanto pare è così. Com'è andata la notte?»

«Cosa volete che vi dica...» fa spallucce quello.

«Uscite. Vi seguo.»

Si trovano fuori, l'uno di fronte all'altro.

«Avete bisogno del thermos?»

«Posso resistere.»

«Anch'io. Lasciamolo dov'è, per ora.»

«Non ho neppure fame.»

Tonio annuisce, strizza gli occhi. Poi dice: «Ci ho ragionato un po' su, stanotte. La verità è che il vento ci ha spinti fuori rotta. Solo che non so dirvi di quanto. Ho provato a fare qualche calcolo, ma ne so troppo poco per giungere a una conclusione. E anche se fosse, a trarla dovrebbero essere i soccorsi, non noi. Il Simoun di qui non si muoverà più».

«Lo so. Purtroppo.»

«Possiamo aspettare o metterci in cammino.»

«Voi cosa pensate?»

«Non arriveranno in tempo.» A Tonio esce detto così, e subito si dispiace per quanto è stato diretto. Cerca di aggiustare il tiro, una cosa che a quanto pare ultimamente non gli riesce come vorrebbe. «Intendo dire che non abbiamo certezze. È evidente che non siamo arrivati né ad Alessandria, né al Cairo, ma chissà quando dagli scali avviseranno l'ambasciata e partiranno le ricerche. Siamo un puntolino in un quadrato di quattrocento chilometri di lato. Non sarà facile.»

Prévot fa un gesto semicircolare con il palmo della mano rivolto verso l'alto, come quando si vuol mostrare un bel paesaggio o celebrare qualcosa.

«Scegliete voi. Vi seguirò.»

Tonio cava di tasca la bussola per una conferma, anche se l'ha già interrogata ieri.

«Il Nilo dovremmo averlo oltrepassato. Se andiamo a ovest, possiamo sperare di raggiungerlo.» Si avviano affiancati. Sanno che d'ora in poi devono stare zitti, pena il seccarsi delle labbra. È così che si muore, nel deserto. Procedere l'uno accanto all'altro e ogni tanto agganciarsi con lo sguardo sono gli unici conforti che possono permettersi. Lo fanno, e intanto strascicano con fatica i passi. Se non arriveranno fino al Nilo e saranno costretti a rientrare al Simoun, almeno avranno una traccia da seguire.

Prévot si perde da subito nei propri pensieri, che poi vuol dire tornare con la memoria a un mese e mezzo fa, quando ha vissuto la prima avventura con Tonio. I vertici dell'Air France erano stati indotti a credere che un suo giro di conferenze nel Mediterraneo orientale avrebbe fatto bene alla compagnia, vista la fama che aveva ormai acquisito come pilota e come scrittore. Oltre a loro due, faceva parte della spedizione anche Jean-Marie Conty, collega di Tonio ai tempi dell'Aéropostale: era stato lui, peraltro, a convincere i vertici dell'Air France. Da Parigi i tre si erano diretti verso Casablanca, poi a est via Algeri e Tunisi fino a Tripoli, Bengasi e Il Cairo, anticipando in parte il tragitto del raid. Tonio pilotava, Conty faceva da navigatore e Prévot attendeva di occuparsi di eventuali guasti, sperando naturalmente che non fosse necessario. L'unico vero problema, in realtà, erano i soldi. Spendevano tutto ciò che guadagnavano con le conferenze e inoltre intaccavano i fondi messi a disposizione dall'Air France. Di fatto, avevano sempre le tasche vuote.

Al Cairo, Tonio aveva avuto un tracollo, cedendo alla bronchite che lo infastidiva fin da Tunisi. Conty l'aveva curato con le sanguisughe. Si era trattato di una scena memorabile, perché, mentre gliele applicava sulla schiena, quello continuava a parlare senza sosta, anche se con la voce un po' attenuata dal cuscino, raccontando di un ciclone che aveva affrontato anni prima nei cieli della Patagonia. Poi erano stati a Damasco e a Beirut, dove, nonostante una tosse fastidiosa e la voce roca, Tonio aveva dato il meglio di sé, ricevendo in cambio calorosi applausi. Mentre al confine con la Turchia avevano avuto qualche problema: non tanto quando un contadino aveva scambiato Saint-Exupéry per un bolscevico, ma piuttosto quando il console francese si era convinto che fosse turco. Quindi era stata la volta di Istanbul, di Atene...

Prévot pensa a tutto questo perché gli mette allegria e per convincersi del fatto che quelle terre non sono poi così ostili. La possibilità di farcela dovrà pur esserci. Il suo piano, ora chc ha ripercorso sinteticamente nella mente l'itinerario, è di ricominciare da capo, rivivendo ogni ricordo nei dettagli. Così, fino a sera. Mentre strascicano un passo dopo l'altro. Tonio però si blocca, gli prende l'avambraccio. Dice: «C'è qualcosa che non va. Non ho la sensazione giusta. Torniamo indietro».

Il meccanico si arresta a sua volta. Se davvero hanno passato il Nilo, la direzione presa è quella buona. Al massimo, si potrebbe pensare di andare a nord: chissà, magari il mare è abbastanza vicino. Ma a est? Scuote la testa.

«Di qua ci verremo domani, se serve» dice ancora Tonio.

Prévot apre la bocca.

Il pilota gli stringe con più forza l'avambraccio.

I loro sguardi si incrociano.

«Credetemi, è meglio così» insiste quello.

Sarà la sua indole mansueta. Sarà il rispetto dei ruoli. Sarà che è meglio risparmiare le energie, evitando discussioni. Prévot cede. Fa segno di sì. I due si avviano seguendo le tracce che hanno lasciato.

In breve raggiungono il Simoun, lo superano, proseguono. Ora camminano sul versante di colline falcate, con il sole in faccia. Per il momento non c'è più caldo che in un'intirizzita primavera parigina, e questo è un bene: non possono permettersi di sudare. Sotto i loro piedi la sabbia è interamente ricoperta di uno strato continuo di quei ciottoli brillanti e neri a cui devono la salvezza. Si direbbero scaglie di metallo. I fianchi delle colline che hanno intorno brillano come se indossassero armature lucidate. Ecco, cos'è accaduto loro: sono precipitati in un mondo minerale. Hanno per prigione un paesaggio di ferro.

Valicato il primo crinale, più innanzi se ne annuncia un altro identico, brillante e nero. Tonio e Prévot insistono con le suole a raschiare il suolo, per tracciare quella scia che ha già dimostrato la propria utilità. Ora è più difficile, perché a ovest i sassi erano meno. Che anche questo fosse un segno che era proprio quella, la direzione? Eppure il pilota percepisce che è giusto aver invertito il senso di marcia. E mentre camminano si lascia andare a sua volta a fantasticherie. Ricorda le belle storie di tesori che ha sentito raccontare quando era caposcalo a Cape Juby e viveva in una baracca a ridosso di un imponente forte spagnolo dalle mura merlate, sul limitare del deserto. L'arredamento consisteva in un tavolaccio coperto da un sottile materasso di paglia, in un piccolo scaffale per i libri e in una porta in equilibrio su due bidoni di petrolio: quest'ultima era la sola superficie a disposizione, se voleva scrivere. Il tavolaccio-letto era troppo corto, per cui aveva dovuto accostarci una cassa: solo così i piedi avevano smesso di sporgere nel vuoto. Quanto ai suoi averi, si riducevano a una brocca per l'acqua, a un catino di metallo, a una macchina da scrivere, a un grammofono a manovella, a un mazzo di carte e a un faldone di documenti dell'Aéropostale. I suoi colleghi erano quattro meccanici francesi. I suoi vicini erano i residenti del forte spagnolo, comandati dal colonnello de la Peña, zelante aristocratico castigliano. Non mancavano gli animali: una scimmietta di nome Kiki, un cane, un gatto enorme e una iena.

Era felice, lì in mezzo? Aveva ventotto anni e nessun pensiero. Quindi sì, si sentiva felice. E poi aveva stabilito un buon rapporto con i mauri, i nomadi della zona, le cui tende interrompevano un filo dell'orizzonte che altrimenti sarebbe stato perfettamente piatto. Erano loro a raccontargli dei tesori del deserto. Gli dicevano che ce ne sono alcuni che sono sacri. I bianchi non possono toccarli. Dormono sotto la luna e sono antichi come lei. Destano ammirazione non per l'oro che contengono, ma per la loro verginità. Il fatto che esistano rende il deserto degno di essere amato. Esso infatti è senza forma, le dune crescono e sprofondano ogni giorno, basta che ci sia vento: soltanto i tesori restano fissi, al sicuro. Non devono essere profanati.

Se Tonio trascorre il tempo in compagnia dei suoi mauri, ripensando per esempio ai primi tempi, quando con le lance cercavano di colpire gli aerei in volo, e all'amicizia che gli avevano tributato in seguito, Prévot si tiene fedele al proprio proposito e rivive il mese di novembre, quando se la spassavano tra conferenze e cene così lunghe da far giungere l'alba. Di ricordo in ricordo, ecco l'ultimo, che non è una cena, ma un pranzo. I tre aviatori si trovavano in un ristorantino nei pressi del porto del Pireo, in compagnia del funzionario greco che li aveva accolti. Giunti al termine del pasto, quello aveva insistito per pagare. Diceva che sicuramente il conto sarebbe stato impreciso e a lui stava bene così, mentre loro si sarebbero sentiti offesi. E in effetti aveva ragione: dopo che il cameriere lo aveva portato su un vassoietto d'argento, un rapido esame aveva confermato che tra gli antipasti c'erano tre dozzine di ostriche mai consumate, mentre un'aggiunta inspiegabile faceva lievitare il prezzo del dessert. Avevano richiamato l'attenzione del cameriere e gli avevano chiesto di parlare con il direttore. Quello era giunto al tavolo, aveva preso in mano il conto e aveva confermato: «Sì, signori: ci sono alcuni errori». Si era stretto nelle spalle, aveva sospirato. Infine aveva concluso: «Ma dovete scusarci, i tempi sono così duri». Tonio si era messo ad applaudire: una giustificazione così profondamente umana lo aveva deliziato. Conty aveva fatto tirare via le ostriche e aveva pagato il resto con un sorriso.

L'orologio di Prévot dice che sono passate ormai cinque ore, da quando si sono messi in marcia, e il paesaggio cambia. Un fiume di sabbia sembra scorrere in una valle: i due si mettono a percorrerla per il lungo, come se la nuova conformazione promettesse qualcosa di buono. Camminano a grandi passi. Intendono arrivare il più lontano possibile e rientrare prima di notte, se non scoprono niente di buono. Così, per un po', volano quasi. Poi Tonio si blocca di colpo.

«Prévot!»

«Cosa c'è?»

«Le tracce...»

Preda dell'entusiasmo, hanno smesso di rastrellare. Da quanto? Se non riescono a riannodare il filo interrotto, è la morte. Il thermos è nel Simoun.

«Torniamo indietro per di là» ordina Tonio. Il che vuol dire girarsi e piegare verso destra: preda dell'ansia, lo fanno per una ventina di minuti a passo svelto, senza risparmiare energie. Ma è meglio dare fondo a quelle o al poco tempo che resta loro? La sabbia, nella clessidra, continua a scendere... Quindi svoltano perpendicolarmente rispetto alla direzione primitiva, aiutati dalla bussola, e infine tagliano la linea delle loro tracce.

Non c'è modo migliore per festeggiare che riprendere il cammino. Il filo è di nuovo intatto, si adopereranno affinché non si interrompa più. Anche perché ora il problema è un altro: il caldo ha cominciato a farsi sentire. Come si aspettavano fin dall'inizio, la luce ampia che li ha svegliati si è fatta densa. Si levano l'uno il cappotto, l'altro il giubbotto. Li tengono piegati fra le mani andando incontro al secondo problema che si aspettavano fin dall'inizio: i miraggi. Eccoli. Per adesso sono soltanto visioni elementari. Grandi laghi si formano nel riverbero del sole, adagiati negli avvallamenti tra una duna e l'altra. Svaniscono al loro avanzare. Mentre non svanisce la valle di sabbia che hanno raggiunto di nuovo. A questo punto sono sei, le ore di cammino. Decidono di attraversarla e di scalare la cupola più alta incontrata finora. Si trova laggiù in fondo, e quando saranno in cima potranno osservare l'orizzonte di fronte a loro. Mentre la raggiungono, per la prima volta Tonio fa di nuovo ricorso alla matematica che gli ha dato tanto da pensare nel corso della notte. Calcola che devono essere riusciti a percorrere più o meno trentacinque chilometri, sommando i tentativi verso ovest e verso est, il tratto che hanno dovuto aggiungere per ritrovare le loro tracce e quest'ultimo che stanno percorrendo ora.

Una volta in vetta alla groppa nera, i due aviatori si siedono in silenzio. La nuova valle di sabbia che si spalanca ai loro piedi sfocia in un deserto anch'esso soltanto di sabbia, senza più pietre, che ferisce gli occhi con la luce bianca che rimanda. A perdita d'occhio, c'è il vuoto. Mentre dalla linea dell'orizzonte si innalzano miraggi più sconcertanti. Fortezze e minareti: masse geometriche a linee verticali. Sono già a questo punto? Così in fretta? Riusciranno a scacciarli, oppure dovranno conviverci? Tonio concentra l'attenzione su una grande macchia scura. Non sembra un miraggio. Che sia vegetazione? Invece no, è l'ombra dell'ultima nube rimasta in cielo, che presto si dissolverà come hanno fatto le altre. Rinasceranno a sera. Loro però non saranno in quota, ad attraversarle con il Simoun.

Proseguire è inutile. Non possono certo sperare che i piedi giungano dove lo sguardo è incapace di spingersi. Questo loro tentativo non conduce in nessun luogo. Bisogna che tornino all'aereo: tettuccio color crema e pancia rossa, è una boa che forse qualcuno dall'alto riuscirà a individuare. Pur non riponendo reali speranze nelle ricerche, a Tonio sembra che siano comunque l'unica possibilità di salvezza, perché camminare... Prévot ne è conscio? Chissà. In ogni caso non c'è ragione per affrontare l'argomento. Laggiù hanno lasciato il loro miscuglio di caffè e vino, anche solo la necessità di bere impone il rientro. Se non tornano, moriranno di certo. Sono prigionieri di un cerchio solido come i sassi del deserto, il cui raggio coincide con la breve autonomia delle loro gole. Ma com'è difficile fare dietrofront, quando forse si cammina verso la vita... Chissà, al di là dei miraggi l'orizzonte magari tiene in serbo città vere, attraversate da canali d'acqua dolce e ricche di prati. Come escluderlo? Tonio sa di avere ragione, imponendo il dietrofront. Eppure, ha come l'impressione di colare a fondo, dando un terribile colpo di timone.

A fine giornata i chilometri percorsi sono in tutto una sessantina. Così dice Tonio a Prévot mentre se ne stanno seduti con le spalle contro la carcassa del Simoun, tra le mani bicchieri di stagno colmi di caffè-vino, disgustoso e delizioso insieme. Il meccanico non sembra poi molto interessato alla notizia. La precisione del pilota è simile a quella delle diagnosi mediche infauste, ma come accade i quei casi, le misurazioni puntuali o i termini impiegati in maniera altrettanto diligente non sanno rendere meno angoscianti le prospettive.

Finiscono di bere. Tonio si alza, prende dalle mani del compagno il bicchiere, lo ripone insieme al suo in stiva. Poi recupera un rocchetto con avvolto del laccio di cuoio, un coltellino e una delle due lampade.

«Dovremmo accendere un fuoco. Può darsi che stiano sorvolando la zona anche se è buio.»

«Possiamo raccogliere i pezzi dell'ala che si è frantumata. Nell'intelaiatura c'è del legno. Li mischiamo alle lastre di magnesio e ci versiamo sopra un po' di benzina. Tanto non ci servirà ad altro.»

«Ve la sentite di provvedere?»

«Voi avete impegni?» chiede Prévot, quasi mettendo il broncio. Tonio impiega un attimo a capire che sta scherzando: non gliel'ha mai visto fare prima, neppure quando erano a zonzo per conferenze a spese dell'Air France. Sembra passato un secolo, non un mese e mezzo. Però fa bene, il meccanico, a scherzare. Chissà se avranno altre occasioni per sorridere, prima di cadere morti. «Comunque sì, me la sento. Non c'è molto altro da fare.»

«Vi ringrazio. Ho avuto un'idea, stamattina. Vediamo se va a buon fine» dice sventolando con la sinistra il laccio di cuoio. La lampada è nella destra, il coltellino in tasca. Poi, senza ulteriori spiegazioni, volta le spalle a Prévot e si incammina verso ovest. Il meccanico si mette al lavoro.

A Tonio basta percorrere qualche centinaio di metri facendo ballare sul terreno l'occhio di luce, per ritrovare il punto. All'alba ha notato nel fianco di una collinetta alcuni buchi, larghi poco più dell'imboccatura di una tazza da tè. Li avevano superati senza dare loro importanza, ma ora può dedicarcisi, per cui dirige i passi in quella direzione. Si tratta di un'area diversa dalle altre, dove un'ombra di vegetazione – poca roba, l'equivalente, sul mento d'un uomo, della barba che cresce da un giorno al successivo – ha trovato modo di radicarsi. E in effetti, viste da vicino, quelle non possono essere che tane. "Volpi del deserto" pensa Tonio. Piccole come conigli, ma con enormi orecchie a punta. Così si mette al lavoro: delle cinque aperture che riesce a individuare, tre hanno vicino arbusti a cui è possibile fissare un estremo del laccio. Attento a non fare rumore, perché non sa se le bestie siano dentro o meno, il pilota ne taglia tre segmenti e realizza altrettanti cappi, armeggiando fino a fare piccoli, perfetti nodi scorsoi. Poi ne assicura uno per arbusto e li lascia pendere fuori dai buchi. Se le cose andranno come desidera, o entrando o uscendo le volpi finiranno in trappola. E domattina, forse, avranno qualcosa da mangiare.

Non ha bisogno della lampada, per individuare l'aereo. Nella notte ormai completamente nera, il fuoco acceso da Prévot spande un bagliore candido. Tonio lo raggiunge; ora i due stanno in piedi affiancati, a guardare assorti come fossero in un santuario. La fiamma sale, è il loro fanale nel deserto. Lo osservano mentre diffonde un messaggio splendente e silenzioso. Tonio pensa che se pure si tratta di un appello che ha del patetico, è comunque carico di amore. La loro necessità primaria era bere, ma ora c'è quella non meno importante di comunicare. Si accende un fuoco, nella notte, perché soltanto gli umani ne sono capaci. Qualcuno risponderà? Dove sono, gli altri uomini?

Tonio rivede di fronte a sé gli occhi di Consuelo. Niente al mondo vale di più. Come sanno interrogare... Subito vengono affiancati da altri occhi. Quelli di sua madre, quelli degli amici, quelli delle sorelle, quelli di tutti coloro che provano affetto per lui. Eccoli lì, via via più numerosi, che sfilano e lo interpellano. Una folta adunata di sguardi che lo rimproverano per il suo silenzio. E lui si sente soccombere, perché non è in grado di fare più di così: quel fuoco bianco e splendente è il massimo, nelle loro condizioni. Inoltre hanno percorso quasi sessanta chilometri senza bere e ora il thermos è vuoto. Nessun miracolo interverrà a riempirlo di nuovo. Nell'attimo stesso in cui hanno intravisto il fondo dei loro bicchieri di stagno, un orologio si è messo in moto. Nell'attimo stesso in cui hanno succhiato l'ultima goccia, hanno iniziato a discendere una nuova china. Cosa possono farci, ormai, se il tempo li porta via con sé come farebbe un fiume...

Prévot inizia a piangere, strappando Tonio dalle proprie meditazioni. Per consolarlo, il pilota fa calare dall'alto il suo braccio fin troppo lungo, gli cinge le spalle, se lo tira contro. Dice con un filo di voce, come se la rassegnazione fosse una cura: «Se si è fregati, si è fregati».

Con lo stesso filo di voce quello risponde: «Se credete che io pianga per me...».

È una sensazione intollerabile, la stessa che ha provato Tonio vedendo comparire di fronte a sé gli sguardi delle persone amate. Si sente bruciare. Ora che il meccanico l'ha esplicitato, vorrebbe mettersi a correre fino a raggiungere il punto inesistente in cui può essere lui a consolare tutti. L'angoscia non te la dà la morte. L'angoscia te la dà percepire il dolore di chi ti sopravvive. Che importa addormentarsi per una notte o per tutti i secoli che verranno? Quando ci si addormenta, non c'è alcuna differenza. Anzi, si può sperare nella pace. Ma è come se da laggiù, da un punto indistinto e lontanissimo ma non per questo meno reale, giungessero grida, si levassero esplosioni di disperazione... Ogni minuto che passa senza notizie uccide un pezzetto dell'anima dei loro cari. Tonio si sente invadere dalla rabbia: cosa sono queste catene che gli impediscono di andare a soccorrere quelli che li amano? Perché il loro fuoco non è una voce che giunge in capo al mondo? Perché non possono semplicemente dire: «Aspettateci, verremo a salvarvi!». Perché eccola, la verità paradossale: sono loro, lì schiantati nel deserto, i salvatori.

Quindi il magnesio si consuma e il fuoco cambia colore, rosseggiando. Di fronte ai due uomini non c'è che un cumulo di braci, su cui si chinano in cerca di calore. Il messaggio luminoso che hanno rivolto al cielo non esiste più. Difficile immaginare che sia servito a qualcosa.

8

L'ultima cosa che Tonio fa, prima di chiudere gli occhi, è studiare con una certa attenzione una mappa della zona. Non è una novità, né sembra che possa portare qualche vantaggio. Ma ha bisogno di credere che le sta tentando tutte.

A un certo punto, mentre il pilota ormai cede alla penombra, la mappa inizia a cambiare: si fa più grande e più morbida. Adesso ha perduto le pieghe nette della carta, e anzi corre liscia su un tavolo che fino a un momento fa non c'era. Sopra ci sono appoggiate due bottiglie larghe e basse di grappa – una barricata, l'altra no – e una terza con dentro un digestivo color rubino intenso, oltre ad alcuni tozzi bicchierini di ceramica, simili a portauova.

Tonio si guarda le belle mani dalle dita affusolate, stringe i bordi della tovaglia e d'improvviso la tira verso di sé.

I presenti rimangono impietriti. D'altra parte il ragazzo si è alzato senza dire una parola, è andato deciso verso i liquori e ha fatto quello che ha fatto senza chiedere il permesso a nessuno. Ora la tovaglia gli pende dalle mani come un drappo, mentre bottiglie e bicchierini sono ancora al loro posto, belli dritti sul piano di legno snudato. Il numero è riuscito alla perfezione. La mamma di Patrick – un compagno che studia insieme a lui dai marianisti di Villa Saint-Jean, anche se la notte torna a dormire a casa, visto che è di Friburgo – ha le mani al volto e sta dicendo: «Oddio!», mentre tutti gli altri hanno già cominciato ad applaudire. Risulta buffo, questo suo essere in ritardo.

«Signori, non abbiamo mangiato nulla che fosse meno che squisito. Sarebbe stato un peccato, non poter chiudere in bellezza con i liquori. Sono quindi lieto di non aver fallito il colpo. Ma ora, se permettete» dice Tonio, assecondando una verve istrionica rara per uno della sua età, «devo tuttavia finire di sgombrare il tavolo, perché mi occorre.»

I membri della famiglia di Patrick – mamma, papà, due sorelle gemelle di tre anni più grandi di lui, uno zio con moglie e figlioletto che deve aver appena raggiunto l'età scolare – sono radunati per festeggiare il compleanno del nonno paterno. È una domenica di inizio settembre e ancora non ci sono lezioni. Tonio però è già rientrato dalle vacanze. Patrick sa quanto è bravo con i giochi di carte e prima della pausa gli aveva fatto promettere che quel giorno sarebbe andato a casa loro. «I miei genitori sarebbero felicissimi, se pranzassi con noi, e al nonno faresti un grande regalo con le tue magie.» Tonio aveva fatto il vago. Patrick aveva insistito. Tonio aveva manifestato perplessità. Patrick aveva insistito ancora di più. Tonio aveva... Patrick non gli aveva concesso di indugiare oltre e aveva risolto chiedendogli: «Senti un po', c'è qualcosa che ti serve? Magari, con il fatto che sei lontano da casa, posso darti una mano». Tonio a quel punto si era illuminato e aveva detto che sì, in effetti una cosa gli occorreva. «Tutto qui?» aveva commentato Patrick dopo aver ascoltato la richiesta: «Non sarà un problema, ma dovrai sistemartela tu». Per suggellare il patto si erano stretti la mano come fanno i grandi, anche se avevano sedici anni soltanto. Ma erano tempi di guerra e si cresceva in fretta.

Tutto questo accadeva a fine giugno.

Tonio sposta le bottiglie dal tavolino alla mensola del caminetto che è in un angolo della sala. Intanto i presenti si sono sistemati sulle seggiole per vederlo meglio: proprio il nonno, quando ha levato la tovaglia, gli dava le spalle.

«Patrick, hai il mazzo di carte?»

«È nel cassetto del tavolo di cui ti sei impossessato.»

Tonio lo tira fuori e lo solleva all'altezza del volto, perché tutti lo possano vedere. Poi lo apre.

«Ecco qua, si tratta di un mazzo nuovo. Carte segnate non ce ne sono. E non ci divertiremmo neanche, se così non fosse» dice dopo aver infranto il sigillo del produttore. Poi si rivolge al festeggiato: «Signore, volete gentilmente giocare con me?».

L'uomo, che si chiama Roman e oggi compie settantacinque anni che in gran parte gli sono serviti per costruire e consolidare il benessere in cui vivono i famigliari, prima ha applaudito, ma ora non sa cosa dire. Si appoggia la mano sul triangolo di camicia lasciato libero dai lembi del gilet, proprio sotto il collo. Sembra uno che prima era una canaglia, poi passa di lì Cristo e gli dice di seguirlo. Quello non è sicuro di aver capito bene, perché in effetti sa di essere una canaglia, e allora domanda conferma, si porta la mano al petto come a dire: "Proprio io? Non è che indicavi uno dietro di me? O magari mi hai confuso con qualcun altro?". Le chiese sono piene, di immagini così.

«Se non vi dispiace...» lo sprona Tonio con un sorriso. A cui si aggiunge il sollecito di Patrick, che ha avuto questa bella trovata dei numeri di magia e ora si sente responsabile: «Andate, caro nonno, oggi è la vostra festa».

L'uomo si alza, si avvia al tavolo e tutti si mettono di nuovo a battere le mani.

«Ditemi, giovanotto.»

Tonio gli porge il mazzo di carte, che aveva già iniziato a mischiare.

«Siccome sono nuove, sono anche tutte in ordine. Vi chiederei di mescolarle meglio che potete, perché il mio compito non si riveli troppo facile.» Roman obbedisce, gli prende il mazzo dalle mani, si gira verso i famigliari e comincia. Mentre lo fa, il ragazzo spiega: «Il primo gioco lo conoscete tutti: indovinare la carta pescata senza averla vista. Ecco, ci siamo. Ridatemi il mazzo».

Una volta che l'ha ottenuto, Tonio lo apre di fronte a sé a ventaglio.

«Sceglietene una, guardatela voi solo e rimettetela dentro. Io comunque, a ogni buon conto, chiudo gli occhi.»

Roman fa come gli è stato indicato.

«La carta è tornata nel mazzo? Posso guardare di nuovo?»

«Fate pure.»

«Ora» dice Tonio rivolto al suo pubblico, «dovete sapere che quest'estate l'ho sciupata tutta in divertimenti, a differenza di Patrick che, sono sicuro, avrà studiato con coscienza.» Le gemelle puntano gli occhi come fari sul fratello, scuotendo la testa. Quello arrossisce lievemente. «Non importa, non parliamone più, che le lezioni non ricominciano prima di ottobre e di tempo per recuperare ce n'è finché se ne vuole. Il mio problema adesso è un altro. Che d'estate, essendomela spassata, mi sono dedicato poco anche alla magia. Per cui sono un po' arrugginito. Mi permettete tre tentativi, per indovinare la carta?»

«Con tre tentativi siamo capaci tutti» dice Patrick, un po' per scherzo, un po' per ripagarlo dell'imbarazzo. «Spero che il nonno, che è l'unico a cui si può rimettere la decisione, non abbia intenzione di concedertelo.»

«Cosa ne pensate?» chiede Tonio all'uomo, che è ancora in piedi davanti a lui.

«Contando i jolly, sono pur sempre cinquantaquattro carte. Se ce la fate entro il terzo, siete in gamba.»

«Vi ringrazio. E vi chiedo di mescolare un'altra volta.»

Roman ubbidisce.

Quando poi ha ripreso tra le mani il mazzo, Tonio lo fa passare, ma senza badare troppo alle carte. Piuttosto, guarda dritto davanti a sé. Nel silenzio assorto dei presenti, si sente soltanto il frusciare dei cartoncini stampati.

«C'è come un focherello... Ci stiamo avvicinando... Ecco, mi sentirei di proporvi questa» dice esibendo un sei di quadri.

«Mi spiace, ragazzo» fa Roman scuotendo la testa, «non è lei.»

«Meno uno!» squilla Tonio bello allegro. Getta il sei di quadri sul tavolino. «Ho ancora due tentativi, prima di dovermi vergognare. Vediamo un po'...» Ricomincia a passarsi le carte da una mano all'altra, a sbirciare il mazzo, poi a cercare ispirazione in qualcosa di invisibile nell'aria della stanza. «Sento un altro focherello... Quasi quasi... Che ne dite di questa?»

Ora è la donna di fiori a fare bella mostra di sé, rivolta verso Roman e verso i membri della sua famiglia ancora seduti a tavola.

L'uomo scuote la testa: «Neppure. Mi spiace».

«Meno due! Siamo a un passo dalla figuraccia.» Il tono del giovane mago è salito di un'ottava, come se incassare un altro insuccesso ne avesse inspiegabilmente migliorato l'umore. Anche la donna finisce sul tavolino. «Che dire, amici miei? Forse, a questo punto, è il metodo a essere sbagliato. Dove non arrivano le arti divinatorie, ci viene in soccorso la logica. Mettiamo allora che il focherello che ho avvertito quando mi è passato per le mani il sei di quadri fosse un indizio. E che anche il focherello sulla donna di fiori lo fosse. A rigor di logica, occorrerà unirli per fare un bel focherellone. Sempre che non mi sia ingannato. Avrei quindi la tentazione di dire che si tratta di prendere il segno da una carta e il numero dell'altra. Per cui o sei di fiori o donna di quadri. Ma siccome il tentativo è uno solo e io sono qui come mago… Lasciate che senta di nuovo.»

Tonio va in caccia delle carte che ha appena citato. Le trova. Abbandona le altre sul tavolino, solleva queste due di fronte al pubblico, una per mano.

«Non v'è dubbio, cari amici. Una mi pare di ghiaccio, l'altra stento a tenerla tra le dita. Quindi, se la logica è davvero venuta in soccorso alla magia, e la magia alla logica, sento di poter rischiare.»

Abbassa la mano sinistra. La carta che aveva tra indice e pollice finisce con le altre. Resta su soltanto quella nella destra.

«Per conto mio, signori, questa donna di quadri è la soluzione.»

Roman si mette ad applaudire, lì di fronte a lui: «Bravo! Bravissimo!».

All'applauso si uniscono subito tutti gli altri, in una tavola che è sempre più allegra.

«Ma dite la verità, lo sapevate dall'inizio.»

«Vedete: come Patrick può testimoniare, sono il tipo dello studente pigro. Non credo privo di intelligenza, ma ho i miei tempi per arrivare alla soluzione…»

«E una pessima grafia, oltre ai tuoi tempi» ruggisce il compagno, continuando ad applaudire. E in effetti è vero: in francese prende voti bassi, anche se è un ottimo lettore e ha sempre in tasca pezzi di carta su cui compone versi, perché spesso il professore stenta a decifrare quello che scrive. Per il resto i voti sono medi. Solo in una materia è insufficiente: geografia. Ma non importa, non tutti devono fare gli esploratori, nella vita...

«Cosa ci proponi, ora?» chiede Patrick.

«Una passeggiata. Ma non preoccupatevi. Passeggio io, voi potete stare al posto.»

Sfila attorno al tavolo, sempre con il ventaglio di carte in mano. Ne fa scegliere una a testa: Patrick, mamma, papà, le due gemelle, i tre membri della famiglia dello zio, infine il festeggiato, che è tornato a sedere. In tutto nove carte. Poi fa un altro giro, le fa rimettere nel mazzo e torna meditabondo al suo tavolino. Mischia. Neanche a dirlo che, di lì a poco, le ha individuate tutte quante. Certo, senza indovinare quale carta è finita in mano a chi («Così è troppo facile» protesta ancora una volta per scherzo Patrick), ma l'elenco delle nove prescelte – tra cui per caso figurano entrambi i jolly – lo dice tutto giusto.

Quindi passa al gioco delle tre carte. «Regina di cuori, quattro e cinque di picche. Dov'è la regina? Qui al centro. Basta seguire con gli occhi, mentre le cambio di posto...» Il primo a giocare con lui, di fronte a tutti, è il cuginetto di Patrick. Indovina al primo colpo, ed è tutto orgoglioso.

«Vediamo se la tua mamma è brava come te» dice Tonio.

La zia, di bell'aspetto e decisamente più giovane del marito, si alza per raggiungere il tavolino. Fallisce tre volte su tre. Lo stesso accade alla madre di Patrick. Poi alle gemelle, una dopo l'altra.

«Vogliono provare gli uomini?»

«Forse è meglio che facciamo una pausa per la grappa» dice da sotto i suoi folti baffi lo zio. «Temo che non saremmo in grado neppure noi, di fare una gran figura.»

Tonio torna al tavolo. I bicchierini vengono riempiti dallo zio stesso: per Roman, per il padre di Patrick – che è suo fratello – e infine per sé. Gli altri sono o troppo giovani o donne, ragion per cui gradazioni alcoliche così elevate non si addicono loro. Sono più i bicchierini che restano puliti, di quelli che vengono utilizzati.

«Hai una moneta?» bisbiglia Tonio a Patrick, seduto di fronte a lui.

«Cos'hai intenzione di fare?»

«Niente, se non me la dai.»

Nessuno bada a loro.

«Va bene, eccotela.»

Tonio la prende, la mette sul tavolo e la nasconde con uno dei bicchierini. Ne affianca altri due. Dice al compagno: «Sotto qual è?».

«Quello al centro.»

Tonio solleva, la moneta è lì. La copre nuovamente. Fa danzare un paio di volte i bicchierini l'uno intorno all'altro.

«Adesso?»

«A sinistra. No, aspetta, non quello. La mia sinistra.»

«Eccoti accontentato.»

La moneta è al suo posto. Diversamente da quanto accade quando Tonio ripete per la terza volta il numero. E per la quarta. Lo zio smette di chiacchierare, si interessa a quanto sta accadendo. Tonio lo sfida, mettendo in palio la moneta stessa. Che viene moltiplicata per due: lo zio, infatti, sbaglia e paga pegno. Una prima volta, poi una seconda e una terza. A quel punto Tonio lo lascia vincere e vincere di nuovo. Quello si ringalluzzisce, i baffi vibrano. Scommette ancora e ancora, raddoppiando e triplicando la posta. Ma perde sempre. Ora tutti li guardano. Alla fine è Patrick a intervenire, facendo terminare il gioco. Lo zio è paonazzo e silente. Tonio si alza dal tavolo con un largo sorriso di trionfo sulle labbra. «Signora, la ringrazio nuovamente per l'invito. Grazie a tutti. E auguri!» conclude rivolto a Roman. Poi raccoglie con garbo le monete che si sono accumulate – non una gran cifra, ma una gran soddisfazione – e se le infila in tasca. Fa un mezzo inchino di congedo e va verso la porta. Patrick lo segue.

«Sei matto?»

«Ma io volevo giocare solo con te, tanto per passare il tempo! Tuo zio se la sarà presa?»

«Credo proprio di sì.»

«Mi spiace.»

«Questo invece non lo credo...»

«Dai, accompagnami a recuperare il soprabito. E

poi» dice Tonio mettendo di nuovo in mostra il suo largo sorriso, «è venuto il momento, per te, di sdebitarti. Non mi accontento di qualche monetina.»

Patrick scuote la testa divertito. Sono nel disimpegno all'ingresso, ora. Si vestono, Tonio recupera dal pomello dell'appendiabiti anche la tracolla di cuoio. Poi escono dalla porta: la casa è una villetta a un piano, con una lingua d'erba tutt'attorno. «Per di qua» fa strada Patrick. Raggiungono il retro: «Eccola. Però vedi che è da sistemare, non so neanche come farai a portarla via».

La ricompensa che hanno concordato per lo spettacolino di magia è una vecchia bicicletta che non usa più nessuno. Le grandi molle del sellino sono arrugginite – per non parlare del sellino stesso – e la catena penzola da un pignone. Manca uno dei due pedali. Il manubrio è fuori asse rispetto alla ruota. Se ne sta appoggiata contro il tronco di un faggio, l'unico albero di pertinenza della casa. Patrick deve averla tirata fuori apposta, stamattina. Tonio guarda la pianta e pensa che ci vorrà tempo, ma verrà il giorno in cui diventerà più grande della villetta e arriverà a sollevarla con le radici.

«Chissà perché ce l'abbiamo ancora.»

«Una cosa alla volta e vediamo fin dove si arriva» dice Tonio tranquillo. Si sfila la tracolla, si accovaccia a terra e se la appoggia sulle ginocchia. Tira fuori una pinza insieme ad alcuni anelli e filo di ferro. «Cominciamo dalla catena, aiutami a capovolgerla. Ecco, così. Grazie. Adesso, per favore, tienila.»

Ci vogliono una decina di minuti perché Tonio riesca.

«Magari non è perfetta, ma dovrebbe tenere» commenta soddisfatto. Dà un colpo alla ruota posteriore per metterla in movimento.

«Ahi!» protesta Patrick, che aveva una mano nella posizione sbagliata.

«Rigiriamola.»

Ora Tonio blocca la ruota davanti tra le cosce, fa forza sul manubrio con entrambe le mani e riesce a raddrizzarlo. «Ci siamo quasi» dice appoggiando la bicicletta su un fianco. Torna alla tracolla, che aveva abbandonato sull'erba.

«Ma ti sei portato dietro un pedale?» chiede Patrick stupefatto.

«In realtà due» sorride Tonio. «Per sicurezza. C'è un po' di tutto nel capanno degli attrezzi di *tante* de Tricaud.» Pinza, martello e qualche colpo ben assestato, poi: «Ecco. Adesso le diamo una pulita». Fa sparire gli attrezzi usati finora, estrae dalla tracolla una paglietta di ferro. «Se me la tieni ferma di nuovo, prometto di stare attento.»

Tonio inizia a sfregare il sellino, poi passa ai tubolari, infine ai pignoni. Strofina anche la catena. Per fortuna il velo di ruggine è sottile, soprattutto sugli ingranaggi. È la prima valutazione che ha fatto: se la situazione fosse stata diversa, non ci si sarebbe neanche messo. Se ne va così un'altra mezzora. Nessuno li interrompe, né viene a reclamare la presenza di Patrick in casa, anche se è un giorno di festa.

«Un po' di olio, poi la collaudiamo» è l'ultima frase che Tonio dice con i piedi ancora piantati a terra. Fa danzare il beccuccio sulla catena e agli attacchi dei pedali. Ripone la piccola latta. Quindi inforca la bicicletta e si avvia. Fa un primo, timido girotondo, poi un secondo più convinto. È così felice di sentire i pedali assecondarlo, che non si ferma più. Ora avanza sull'erba a fianco della villetta, torna verso l'ingresso. Patrick lo segue corricchiando. «Ehi!» dice. Ma ormai è troppo tardi. Tonio è già sul ghiaino del vialetto, è già oltre il cancello lasciato aperto. «Ehi!» urla ancora il compagno. «Grazie di tutto!» risponde Tonio voltandosi con l'ennesimo sorriso, mentre già prende la strada. L'ultima cosa che gli sembra di vedere, prima di rimettersi dritto e insistere sui pedali per prendere velocità, è la faccia dello zio di Patrick che guarda dalla finestra imbronciato.

Il ragazzo sembra un grande ragno. L'anno scorso è cresciuto tutto d'uno colpo, raggiungendo un metro e ottantaquattro di altezza. Ha sofferto di anemia. Anche per questo Marie ha voluto che lui e suo fratello si lasciassero alle spalle la rigidità dei gesuiti di Notre-Dame-de-Mongré e andassero a studiare in Svizzera. Qui l'aria di montagna – o quasi: forse è più un'alta collina, ma non importa – ha fatto effetto. Tonio ha addirittura iniziato a giocare a calcio, anzi: a eccellere nel gioco del calcio, come centravanti o comunque in attacco. Si è dedicato con soddisfazione anche alla corsa a ostacoli. Poi, ritemprato e contento, ha mollato l'uno e l'altra. Adesso sta bene. Ma è rimasto allampanato e sempre un po' curvo in avanti, come se si vergognasse di questo gran corpo che gli è cresciuto addosso, e l'aria del ragno non va più via. Semmai si combina con gli altri tratti animali che Tonio ha, solo che lo si guardi in volto: le sopracciglia basse e scure sono quelle di un gufo.

Ora sfila per le strade di una Friburgo da cui la guerra sembra lontana. È domenica pomeriggio, l'aria leggera dell'estate non si è ancora sciupata e le persone vanno a passeggio come se nulla fosse. Il sole sta su nel cielo e brilla. Certo, alcune nubi ci sono, ma il vento in quota le sposta di continuo e i raggi trovano sempre il modo di arrivare fino a giù.

Non c'è tempo di pensare né alla guerra, né alla gente, né ai capricci della meteorologia, che Tonio è già al limitare del bosco che attornia i cinque edifici di Villa Saint-Jean. Visti insieme, danno l'impressione di un ordinato paesino con i tetti tutti rossi.

Invece di imboccare il viale, tuttavia, il ragazzo scende e si inoltra tra le piante, cercando di non impigliarsi nei rami più bassi. Fa un gran fatica; per fortuna il capanno non è lontano e nell'ultimo tratto gli alberi si fanno più radi, lì dove sorge la piccola costruzione. Quando Tonio la raggiunge, pochi minuti dopo, si scopre sudato. Resta in piedi con il manubrio tra le mani, raddrizza la schiena, punta le scapole contro la tela della camicia e la sente scollarsi dalla pelle umida. Appoggia la bicicletta contro la porta del capanno, acciuffa il fazzoletto che ha in tasca e poi, con mosse da ragno spilungone, si infila la destra giù per il colletto. Asciuga per come riesce, quindi ripete l'operazione dal basso. Infine la fronte. Quando decide di essere più o meno soddisfatto, apre la porta e mette al sicuro la bicicletta.

Mentre esce dal bosco e raggiunge la camerata al piano terra del padiglione «La Sapinière» che lui e François condividono con una quindicina di altri studenti, dalla contentezza Tonio fa ruotare la tracolla attorno a un braccio.

«Ce l'ho!» grida in direzione del fratello steso a leggere, non appena ha varcato la soglia. François è da solo. Tra i loro compagni soltanto due sono già rientrati a Villa Saint-Jean, e in questo momento non si trovano nella camerata. Gli altri arriveranno tra qualche giorno, quando la ripresa delle lezioni sarà imminente.

François si mette a sedere. A Tonio fa venire in mente un morto troppo arzillo che non voglia starsene sepolto. Ma non perché François abbia qualcosa che non va. Nella camerata tutti gli danno quell'impressione quando, da stesi, si tirano su. Ogni letto infatti è collocato in una specie di basso recinto di legno, e così le sagome dei ragazzi è come se emergessero da una tomba. Mentre al centro dello stanzone c'è una parete di tramezzo alta meno di due metri, a cui è addossata una fila di bacili in cui fare la toeletta del mattino, ognuno con il suo specchio quadrato di fronte.

«Dov'è?»

«Anche lei nel capanno, con il resto.»

«Sei proprio sicuro che vuoi farlo stasera?»

Tonio raggiunge il letto del fratello. Si siede accanto a lui.

«E quando, se no? C'è bel tempo e siamo ancora in pochi.»

«Se sei convinto tu, a me sta bene» concede François. «Ora però, se non ti dispiace, vado avanti con questo.» Solleva *Il giocatore* all'altezza del naso.

«È il mio!»

«Ma tu lo hai già letto. E poi comunque te lo restituisco.»

«Ti lascio in pace. Anzi: ti imito.»

Tonio va a stendersi a sua volta. Anche lui è alle prese con Dostoevskij: *Il villaggio di Stepančikovo e i suoi abitanti*. È buffo e lo diverte, anche se in questo periodo preferisce disperarsi, quando legge. Molto meglio *Delitto e castigo*, per esempio, oppure i vari Baudelaire, Mallarmé, Leconte de Lisle e José-Maria de Heredia, che ha imparato quasi a memoria, a forza di tornarci su. Lo svago va bene a teatro. E in effetti di Molière è impossibile stancarsi. Però i sorrisi sono una cosa che si fa quando si è con gli altri. Quando rimani solo, se vuoi ingrandire la tua anima devi disperarla. Allora sì che le fai del bene. L'ha detto anche a sua madre. Per risposta, Marie gli ha scompigliato i capelli, gli ha ravviato una ciocca dietro un orecchio e gli ha detto: «Hai già una grande anima, Tonio. Cerca di farla brillare, che la disperazione te la porterà in ogni caso la vita dapprima un po' alla volta, e poi tutta insieme». Quel ragnone con il muso da gufo l'aveva abbracciata, perché era una vedova con cinque figli e non si era mai lasciata sfuggire dalle labbra un solo lamento.

A cena i pochi alunni già rientrati a Villa Saint-Jean – una cinquantina in tutto, su un totale di un migliaio – occupano tre soli tavoli del refettorio e possono mangiare tutti insieme, invece di fare i turni come capita di solito. Ci sono anche Caspar e Armin, due dei padri che reggono il collegio, mentre dalla parete veglia su di loro un crocefisso alto poche spanne, leggermente inclinato in avanti. Non che ce ne sia bisogno, tuttavia: i marianisti, contrariamente a quanto i fratelli Saint-Exupéry hanno visto fare ai gesuiti, instaurano con gli studenti un rapporto molto franco, incentrato più sui premi che non sulle punizioni. Per esempio si può ambire a camere singole collocate al primo piano, dove hanno le loro i professori. Si possono conquistare senza troppa fatica permessi per allontanarsi dalla struttura, durante le ore di luce, se si sa motivare bene la propria richiesta: Tonio, infatti, non ha avuto problemi a raggiungere Patrick giù in città, e anzi gli è stato chiesto perché François non andasse con lui (risposta, con un sorrisino a fior di labbra: «Perché hanno invitato solo me»; ma poi s'era pentito, cosa voleva dimostrare dicendo così?). Anche l'accesso ai campi da gioco è libero. E la proprietà non è recintata. L'unica preoccupazione dei marianisti è creare un clima di fiducia e che ogni ragazzo capisca da sé quali sono i limiti da non superare. Per questo accanto alla statua di Cristo in croce, sulla parete, stanno due grandi dipinti che rappresentano il sottobosco. Non servono i santi, per imparare a comportarsi.

Tonio si sfrega soddisfatto le mani, di fronte alla zuppa di verdure, e sembra deliziato mentre la sorbisce. Questo nonostante si tratti più che altro di un brodo sporco in cui galleggiano alla deriva pezzi di patata, di carota e di sedano, senza che si sia creata la consistenza cremosa che invece dovrebbe avere. I compagni seduti a tiro, tra cui il solito Charles Sallès, che come lui è originario di Lione, lo osservano con qualche perplessità. Tonio mangia, sorride e beve. Si versa acqua dalla brocca almeno quattro volte.

«Ti vengono i pesci nella pancia» dice Charles.

«Poi li peschiamo e facciamo finire anche loro nel piatto» risponde Tonio allegro.

Qualche ora dopo, nel silenzio della camerata a «La Sapinière» il ragno-gufo si sveglia. Com'è ovvio, ha bisogno di fare pipì. Si orienta facilmente nella penombra, perché ha avuto l'accortezza di lasciare discosti gli scuri della finestra che è proprio sopra il suo cubicolo. Si veste in silenzio, recupera dal comodino il lume che per ora rimarrà spento, quindi raggiunge François. Lo scuote con delicatezza. Quello apre gli occhi, sbatte le palpebre un paio di volte. In un sussurro Tonio dice: «Andiamo». François annuisce. Poi, muovendosi con lentezza, si tira su e si veste a sua volta. Raggiunta la soglia della camerata, si fermano ad ascoltare. Il respiro dei compagni ancora addormentati è regolare.

I due fratelli escono in corridoio, si dirigono verso l'ingresso dell'edificio. François rallenta il passo quando sono di fronte alla bacheca in cui ogni giorno vengono affissi i dispacci che riguardano la guerra. La Svizzera non partecipa al conflitto, ma Villa Saint-Jean è schiettamente filofrancese: nonostante viga la consuetudine di parlare tedesco a tavola – obbligo che Tonio disattende di continuo, venendo di continuo ripreso –, Friburgo si trova non lontano dal confine con la Francia. Da quel Paese arriva circa un terzo degli allievi. Tonio prende a braccetto suo fratello, lo costringe ad accelerare, ripetendo di nuovo: «Andiamo» questa volta a voce un po' più alta.

In guardiola c'è padre Rollo, addormentato sulla sua poltrona. Più che a montare la guardia, sta lì a disposizione dei ragazzi, se per caso qualcuno dovesse sentirsi male nel corso della notte o se ci fosse qualche altra necessità. I cardini della porta, che pure Tonio apre con cautela dopo aver consegnato il lume a François, cigolano leggermente. Il religioso cambia posizione sulla poltrona, e subito una marea ghiacciata monta nelle vene dei due fratelli. Ma non s'è svegliato: è solo il corpo, che nel sonno si governa da solo, ad aver preteso una maggiore comodità. Tonio entra in guardiola, sfila di fianco alla poltrona, prende la chiave dell'ingresso dalla rastrelliera dove sta appesa con le altre. Torna sui suoi passi, accosta la porta, finalmente riprende a respirare.

«Andiamo» ripete per la terza volta a François, stavolta in un sussurro che rasenta il silenzio.

«Se te lo sento dire ancora, torno a dormire» risponde quello sempre sussurrando, ma deciso a chiarire che non intende prendere ordini. In questa loro missione sono alla pari. Tonio, che gli è a fianco, gli rifila uno scappellotto poco più che accennato sul coppino. Fa segno con la testa di procedere. A volte, per essere alla pari, ci vuole che il più grande faccia il più grande, e il più piccolo faccia il più piccolo.

Poi sono fuori, si avviano affiancati verso il capanno nel bosco. Non prima, però, che Tonio si sia liberato della sua «sveglia naturale», come la chiama, innaffiando le radici di un albero.

Il lume è soltanto uno e sperano che il petrolio basti.

«Ti è andata bene con il baule, eh?» fa François quando finalmente possono parlare. E subito ecco una delle sue risate cristalline.

«L'idea era buona.»

Per viaggiare leggero in occasione del rientro dopo l'estate, Tonio aveva messo a punto una trovata a suo modo di vedere piuttosto brillante: radunare i propri averi in un baule e consegnarlo in stazione per le ispezioni doganali. Avrebbe viaggiato separatamente da lui, tra le merci, e una volta giunto al deposito bagagli di Friburgo sarebbe bastato mandare un fattorino a ritirarlo. Al contrario, François aveva caricato il proprio in carrozza. Quando erano arrivati, Tonio l'aveva canzonato: avrebbe dovuto fare come lui, sarebbe stato meglio. Irritato, oltre che appesantito dal bagaglio, François era stato costretto ad arrancare fino a Villa Saint-Jean. La stazione e il collegio distavano un chilometro e mezzo, parzialmente in salita. Al contrario Tonio aveva potuto perdersi per le stradine della città girando a proprio piacimento, libero come una farfalla, fino a rintracciare l'insegna di un negozietto di cui aveva sentito parlare. Lì un commesso ebreo gli aveva venduto una favolosa Kodak a soffietto per meno di quaranta franchi.

Questo accadeva una settimana prima. Ma né quel giorno, né il seguente – quando effettivamente Tonio aveva inviato un fattorino perché si occupasse del recupero – il baule sembrava essere giunto a destinazione. Erano iniziati così giorni di patimento, in cui il ragazzo si recava in stazione sia la mattina, sia il pomeriggio. Faceva la spola tra dentro e fuori l'edificio, attraversando ogni volta un diverso arco della sala d'aspetto per darsi un ritmo. Quando un treno si fermava sui binari, interrompeva il proprio tormento e andava a chiedere. A Villa Saint-Jean, in quel momento, i suoi averi si riducevano agli abiti che indossava durante il viaggio da Saint-Maurice: non aveva neppure uno spazzolino, con sé. I padri gli erano venuti in soccorso fornendogli una veste da notte, un paio di camicie e dei calzoncini dismessi da chissà chi, ma la situazione si era fatta via via più disperante. Aveva scritto anche un telegramma a sua madre, perché si informasse presso la stazione di partenza, ma sembrava tutto in regola. Occorreva soltanto attendere.

Infine proprio quella mattina, una domenica, il baule era arrivato. Tonio l'aveva dovuto trascinare fino a Villa Saint-Jean come aveva fatto suo fratello: quel giorno facchini in giro non ce n'erano, così alla fine la trovata si era ritorta contro di lui. E alla beffa si era aggiunto il danno: non soltanto aveva dovuto fare a meno delle sue cose per una settimana, ma, certo che non sarebbe gravato su di lui, lo aveva riempito come non mai, rendendolo estremamente pesante. Soltanto nell'ultimo tratto, quando era ormai giunto alle pertinenze di Villa Saint-Jean, l'aveva mollato dove si trovava e aveva fatto una corsa a cercare François affinché lo soccorresse. Del resto, prima di riporre il baule al suo posto – vale a dire ai piedi del letto che Tonio occupa a «La Sapinière» – occorreva raggiungere il capanno e nasconderci dentro quello che serve loro adesso. L'aiuto e la discrezione di François erano preziosi.

«Sarà stata anche buona, l'idea, ma se per caso il baule lo perdevano...»

Tonio non vuole neanche pensarci. Scaccia quell'ombra dicendo: «Be', senti, non è successo. Anzi, è arrivato giusto in tempo. Va bene così».

Ora finalmente sono al capanno. Entrano. Ecco lì tutto quanto: la bicicletta avuta da Patrick, le intelaiature per le ali fatte di vimini a cui hanno lavorato nel corso dell'intera estate (certo, sono da rimontare), i teli per coprirle ritagliati da due coperte verde scuro dell'ambulatorio per i feriti di guerra diretto da mamma alla stazione d'Ambérieu (certo, non le avrebbe fatto piacere se l'avesse scoperto, ma era l'unico modo), la tracolla con gli attrezzi di Tonio, viti, bulloni, due voluminosi rocchetti di spago.

Portano fuori tutto. Tornati a Saint-Maurice l'anno dopo l'esplosione, i fratelli Saint-Exupéry non avevano più trovato il motore e per un po' se ne erano stati buoni. Anche perché Tonio, nel frattempo, aveva preso l'abitudine di gironzolare tra gli hangar al limitare delle piste di Ambérieu e un giorno, esausto,

Gabriel Wroblewski lo aveva fatto salire sul biposto da lui costruito. Il ragazzino sosteneva d'altra parte di aver ricevuto il consenso dalla madre, facendo segni solenni con il capo. Il suo battesimo dell'aria... Era nata in cuore la speranza, a François e a lui, che ci sarebbero state altre occasioni. Il che, appunto, li aveva rabboniti. Inoltre il minore s'era messo d'impegno a suonare il violoncello, migliorando in fretta, mentre il più grande aveva interessi letterari che gli portavano via tutto il tempo. Quindi c'era stato l'innamoramento di François per la cugina Catherine, di sette anni più grande. La giovane si svegliava all'alba per frequentare la messa in paese, dove veniva celebrata alle sei del mattino, e il ragazzino dietro...

A ondate, però, il pensiero di costruire un mezzo tutto loro tornava; fino a che, una sera, Tonio aveva approfittato della presenza al tavolo da bridge di padre Montessuy per annoiarlo lungamente, sottoponendogli l'idea di una bicicletta alata con la forza delle gambe per motore. Se davvero c'era riuscito il principe de Sagan, al Bois de Boulogne... Il curato, più per evitare che si verificassero ulteriori esplosioni che per reale convincimento, aveva detto che la trovava un'ottima idea. In seguito avevano fatto un tentativo a vuoto, vuoi per la cattiva qualità del progetto, vuoi perché – così aveva decretato Tonio – non avevano abbastanza energia muscolare. C'era voluto altro studio, altro tempo. Oltre che cautela: a Saint-Maurice coperte e lenzuola erano contate, mica era facile procurarsi della tela che andasse bene. Così si era arrivati all'estate appena trascorsa. Con Tonio bello alto e sufficientemente in forma, grazie all'attività sportiva fatta pur senza passione a Villa Saint-Jean. A questo si sommava l'opportunità della bicicletta avuta da Patrick, che avrebbe permesso ai due di compiere i loro tentativi lontano dagli occhi della madre.

«Secondo me bisogna che smontiamo la porta» dice Tonio guardando il capanno. «La usiamo da trampolino.»

François abbandona a terra le coperte e i pezzi di intelaiatura, si avvicina, prova a sfilarla dai cardini.

«Se vuoi, viene via.»

«Aspetta che ti aiuto.»

Tonio appoggia la bicicletta al tronco di un albero, appende la tracolla a un ramo, poi si affianca al fratello.

«Cominciamo a portarla al campo. Sotto l'ascella, così. Ci sei? Bene. Adesso chiniamoci, che prendo il lume.»

Sono in fila come fantasmi tra le ombre degli alberi. L'aria in realtà è piuttosto fresca. Se ne rendono conto ora per la prima volta, perché stanno procedendo lentamente e l'eccitazione che li ha accompagnati da quando si sono svegliati s'è chetata. Arrivano al campo da calcio intirizziti: è vero, sono gli ultimi giorni d'estate, ma si trovano pur sempre in montagna – o altissima collina – e per potersi muovere con più agilità si sono vestiti leggeri.

Depositano la porta, tornano indietro a prendere il resto. In tutto è questione di una ventina di minuti, al termine dei quali viene la fase dell'assemblaggio.

«Mi sembra che ci siamo, no?» dice François dopo aver fatto un passo indietro, mentre Tonio stringe un ultimo bullone.

«Direi.»

Ammirano in silenzio il frutto del loro lavoro: dalla canna della bicicletta partono cilindri che dopo una trentina di centimetri si allargano a divenire ali. È lo spazio che serve alle ginocchia durante la pedalata. Per il resto le ali si presentano come due lunghi rettangoli su cui la tela delle coperte è ben tesa. Sembrano davvero quelle di un aeroplano.

Poi vanno a recuperare certi grossi sassi che sono stati accantonati anni fa, quando è stato sistemato un pozzo, e che non sono mai stati rimossi. La bicicletta li attende adagiata contro la rete di una delle due porte e sembra osservarli da lontano, mentre costruiscono il trampolino che a breve dovrà percorrere. Lo collocano in modo che ci sia sufficiente spazio prima, per la rincorsa, e dopo, perché il volo non si infranga contro gli alberi.

Tutto quello che accade, da qui in avanti, accade molto in fretta. Anche perché si tratta di pochi, semplici passaggi: Tonio che posiziona la bicicletta a inizio percorso e la inforca; François che lo incoraggia battendo le mani; Tonio che comincia ad accelerare; François che gli corre a fianco per non perdere neppure un istante della loro impresa; Tonio che infine si lancia sul trampolino, continua a pedalare nel vuoto per quel paio di metri in cui davvero si stacca da terra – per effetto dello slancio e non per merito delle ali, che in fin dei conti si rivelano un impaccio – e infine si schianta a terra. Ultimo atto: François che si lascia andare ancora una volta alla sua bella risata cristallina, guardando il fratello-ragno tutto scombinato a terra, tra le ali spezzate. Lo aiuta a rialzarsi. Il piano così lungamente messo a punto è già fallito. Per fortuna Tonio non s'è fatto niente che non sia una botta a una spalla e un'altra all'orgoglio. Avrebbe preferito una disfatta più eroica, se proprio disfatta doveva essere.

Anche quello che accade dopo il fallimento accade abbastanza in fretta, o meglio accade senza perdite di tempo: il ritorno silenzioso fino al capanno, in cui i due nascondono la bicicletta e i resti delle ali, che saranno da far sparire nei giorni seguenti; il recupero della porta, che rimettono sui cardini; liberare il campo dai sassi. Quello che invece li rallenta, è un evento inatteso: il portone di «La Sapinière», che avevano lasciato accostato, è stato nuovamente chiuso a chiave.

«Padre Rollo dev'essersi svegliato per gli spifferi. Conoscendolo si sarà dato dello sbadato, prima di alzarsi a porre rimedio.»

Tonio ricorda bene il momento in cui ha deciso, dopo aver rifilato lo scappellotto a François e prima di uscire, di tornare indietro e rimettere la chiave al proprio posto. D'altro canto, cosa sarebbe potuto accadere? Adesso lo sa: che padre Rollo si svegliasse e si rendesse conto dell'anomalia.

«Cosa facciamo?»

«Se bussiamo, è punizione sicura. Alla colazione mancheranno cinque ore al massimo. Ci presentiamo direttamente lì.»

François sgrana gli occhi.

«Vuoi stare tutto il tempo qui fuori?»

«Non qui fuori, nel capanno. Possiamo usare le coperte dell'ambulatorio di mamma, per scaldarci, e dormire un po'.»

«Non sono più coperte, Tonio. Ora sono ali.»

«Rotte.»

«No, aspetta, non hai capito. Non è che mi dispiaccia smontarle. Voglio dire che sono solo due strisce strette e lunghe. C'è poco da coprirsi.»

Tonio fa spallucce. «Se hai un'idea migliore, è il momento.»

François ci pensa, ma la testa gli rimane vuota. La scuote: «No, dai, va bene il capanno. Sono soltanto cinque ore».

"Quando giunse il mattino" pensa Tonio al risveglio – il Tonio di oggi, grande e grosso e precipitato da qualche parte nel bel mezzo del Sahara – "in effetti riuscimmo a infilarci nel refettorio proprio mentre entravano gli altri, senza destare grossi sospetti." Gli era venuto il dubbio che forse a chiuderli fuori poteva essere stato un compagno per scherzo. Ma siccome nessuno li aveva presi in giro, né quel mattino né in seguito, c'era da credere che davvero ci avesse pensato padre Rollo, svegliato dagli spifferi, a girare la chiave nella serratura.

Tonio guarda la luce albicocca del mattino attorno a sé. Ripensa allo schianto con la bicicletta e ripensa allo schianto di due giorni prima. Sarà per questo che è tornato a sognare François? Poi si domanda cosa gli riserva il giorno. Quella volta, c'era un gran raffreddore ad attendere entrambi. François ci aveva messo molto più tempo di lui a riprendersi.

IV

Parigi
lunedì 30 e martedì 31 dicembre 1935

9

Consuelo allunga la mano nel buio. Il braccio disegna un arco, scivolando sopra al lenzuolo fino a distendersi completamente, perpendicolare al busto. Non trova niente. È, questo gesto mancato, l'interruttore che le riaccende la coscienza, che le accende il ricordo. Ora sa che Tonio non è lì con lei. D'istinto, però, la sua parte animale nega la realtà. La donna si rotola pigramente nel letto. Ma l'altra metà è gelida, oltre che disabitata. Un brivido le corre dalla testa ai piedi. Ora è del tutto sveglia.

Prova a riprendere sonno. Di solito le riesce, basta che rievochi le visioni oniriche da cui si è appena congedata. Ma stamattina, fatto strano, la sua mente è una scatola vuota. E il corpo smania per ripartire. Così si mette a sedere sul letto. Il freddo nella stanza è come un'onda che le sciacqua le braccia nude. Accende la lampada sul comodino, si alza. Scosta la tenda pesante che impedisce alla luce di entrare e ne ha in cambio un impasto lattescente. La partenza di

Tonio ha dunque spento la gioia del cielo? A illuminarsi a festa saranno gli orizzonti orientali, verso cui si dirige il Simoun? Non è possibile. Consuelo appiccica la fronte al vetro. I davanzali del palazzo di fronte sono inghirlandati di bianco. Guarda in strada, lì si vede meglio: la neve. Dunque è questo, che è cambiato. Stanotte è nevicato e se si indaga l'aria con maggiore attenzione ecco che qualche rado fiocco scende ancora. Ma è lunedì: di gente sui marciapiedi ce n'è già, ognuno cammina noncurante verso la propria meta.

Mentre si prepara, Consuelo inizia a elencare dentro di sé le commissioni a cui dovrebbe dedicarsi. La prima è senz'altro fare visita al sarto: negli ultimi giorni non c'è riuscita, e oltre alla giacca a spina di pesce di Tonio c'è anche un suo vestito da accomodare. Però certo, già che va sarebbe opportuno che prima verificasse se altri capi hanno bisogno di riparazioni. C'è poi da passare all'appartamento di rue Froidevaux. È davvero decisa a traslocare là, con l'anno nuovo? Di certo, oltre il cimitero di Montparnasse l'aria cambia e si respira meglio. Se ci pensa, si rende conto che non ha mai avuto attacchi d'asma, in quella parte della città. L'appartamento però è modesto e c'è da capire se dentro è possibile lavorarci. Forse per la pittura può andare, ma se davvero intende riprendere a scolpire? A deporre a suo favore c'è il contesto, questo va riconosciuto. Certo, a breve Derain se ne andrà, ma gli altri resteranno. Nella sola rue du Douanier abitano anche Braque e Foujita. Tutt'intorno c'è pieno di artisti. Qualcuno, come Soutine, la mette a disagio. Ma con la maggior parte intrattiene rapporti cordiali. Sarà forse possibile condividere uno studio? Questo fugherebbe molti dubbi, ma in ogni caso con il proprietario dei muri occorre parlare, almeno per prendere tempo. Senza dire sì o no. Anche in considerazione del fatto che se Tonio vincerà centocinquantamila franchi, la loro situazione si aggiusterà. In quel caso sarebbe opportuno cercare di meglio? Consuelo non lo sa, anche perché non conosce i patti tra lui e Prévot. Come si divideranno la cifra? È stata sciocca a non chiederlo, forse, o forse era una domanda inopportuna ed è stato meglio così. In ogni caso: passare in rassegna i vestiti, andare dal sarto, raggiungere l'appartamento di rue Froidevaux. Altro? Com'è rimasta d'accordo con Madeleine? Certo, si devono vedere. Tra le sue amiche è l'unica di cui Tonio si fidi del tutto. Quando nella notte parigina perde la cognizione del tempo e dello spazio, Madeleine la riporta dolcemente alla ragione. La fa sentire protetta. Quindi sì, come sempre deve trovarsi con lei, ma quando?

Finalmente Consuelo è pronta. Si guarda un'ultima volta allo specchio. Deciderà cosa portare davvero con sé dal sarto, poi scenderà a fare colazione in una caffetteria e di lì darà inizio al giro delle commissioni. Apre l'armadio. La giacca in tweed a spina di pesce è lì. Ne accarezza una manica, e così si ripete quanto avvenuto a letto: è attraverso le sensazioni del corpo, infatti, che si attiva la coscienza. È come se una nuova idea le si formasse tra le dita, risalisse il braccio, giungesse fino al cervello. Un'idea molto semplice: deve rimanere al Pont Royal.

Afferra la giacca, si siede sul letto tenendola in grembo.

«Ma se Tonio riuscisse a telefonarmi?» le chiede. «Può capitare che in un certo scalo, mentre fa rifornimento, sia più comodo che dettare un telegramma. Dipenderà da com'è attrezzato l'aeroporto. Io come posso saperlo?»

La giacca – decisamente morbida per essere di tweed: è bene ripararla, non si può rinunciare a un capo del genere – si lascia accarezzare, ma non risponde neppure quando Consuelo affonda le mani, sul punto di impastarla come farebbe con il dorso d'un gatto. È la tentazione di un attimo, che subito rientra.

«E poi, pensa ai giornalisti! A quanti ce n'erano alla partenza! Del raid stanno parlando tutti, mica solo in Francia. Magari ci sarà qualche corrispondente estero che attende Tonio in agguato dentro un hangar per un'intervista. Sarebbe un bel rischio, perché se si mette a parlare non riparte più...» Consuelo sorride, scuotendo la testa con il garbo che ha appreso in Europa e che non sempre le riesce. «Mi sembra di vederlo, con Prévot che lo tira per una manica e lo porta via prima che apra bocca. Altrimenti addio record. Ma sai cosa?»

Solleva la giacca di fronte a sé, bella stesa, tenendola per le spalle.

«Se il giornalista è bravo abbastanza può essere benissimo che sia lui, invece che Tonio, a chiamare qua. Che viviamo al Pont Royal non ci vuole molto a scoprirlo. E io, fossi in un giornalista, alla moglie del pilota vorrei proprio parlare.» È quasi allegra, adesso. «Prima di rispondere alle sue domande, sia chiaro, gli farò le mie. "Come avete visto Tonio? Vi è sembrato fiducioso o era stanco? Il cielo è sereno?" Non ha idea, se uno di quelli mi telefona, che cosa lo aspetta.»

Si rimette la giacca in grembo e fa due piccoli battimani di contentezza.

«Se non parla francese, possiamo intenderci in spagnolo o in inglese. Però non in arabo. In quel caso, dev'esserci qualcuno che prende la cornetta al suo posto e traduce. Ognuno faccia i suoi sforzi. A me tocca un'intera giornata da prigioniera al Pont Royal, che lui s'arrabatti perché ci si possa capire. Dobbiamo quindi rimandare» conclude rivolgendosi di nuovo alla giacca. «Tanto il ritorno di Tonio non è immediato. Andremo dal sarto tra qualche giorno, dopo che sarà atterrato a Saigon.»

Si alza, ripone l'indumento nell'armadio che aveva dimenticato aperto. Ora prende un'arancia e mangia almeno quella. Preferisce infatti non scendere nel salone da pranzo, in cui si servono anche le colazioni, né al bar dell'hotel. E anzi, visto che non mancano: ecco una seconda arancia. Tonio non le ha volute prendere con sé e ha sbagliato. Sono proprio buone, con gli spicchi gonfi di succo, pare quasi di bere.

Poi le ore cominciano a passare, disfacendosi l'una nell'altra. Consuelo si tiene impegnata mettendo a posto l'appartamento, passando in rassegna sul serio gli abiti per individuare quelli che prima o poi porterà dal sarto, incantandosi a osservare dall'alto la strada, su cui ha ripreso quietamente a nevicare. Ogni volta che il pensiero torna al raid, si ripete che è normale non aver ricevuto altre notizie: è troppo presto. Un telegramma ha i suoi tempi, e poi ci vuole l'occasione per spedirlo. Ci saranno volte in cui Tonio non scende neanche dal Simoun, mentre fanno rifornimento, e allora niente. Anzi, occorre mettere in conto che saranno la maggior parte. Ragionandoci, questo le risulta chiaro. I problemi iniziano quando il pensiero abbandona la mente e va a collocarsi al centro dello stomaco, come un bolo troppo caldo che mentre scende brucia e quando è giunto a destinazione non sai come levarlo da lì. È davvero normale che non giungano altre notizie? Consuelo si sforza: si rimette a ragionare, la logica fa da argano e, seppure a fatica, il bolo risale, dapprima tiepido e poi finalmente freddo. Adesso è di nuovo un pensiero sotto controllo, nella mente. Se non fosse che lo sprofondamento ricomincia non appena lei abbassa la guardia. E così il tempo rallenta. Invece che ticchettare come una lancetta, plana come un fiocco di neve.

Quando è ora di pranzo, un secolo circa dopo il suo risveglio, Consuelo è costretta a raggiungere la hall dell'hotel. Scende in ascensore. All'aprirsi delle porte, ecco che viene inaspettatamente raggiunta da una musica. Perché? L'ambiente in genere è tranquillo, chi vi transita assume un fare compassato, come se si trattasse di un santuario di marmo, legno e vetro. Adesso è di fronte al bancone. Il *concierge* deve leggere la perplessità sul suo volto, perché si affretta a giustificare: «Non si preoccupi, *madame*. Non è che una prova: ci hanno consegnato ora un nuovo grammofono per il Capodanno. Ecco, vede? Tutto finito». In effetti dal salone da pranzo – è dunque quello, il luogo – non giunge più alcun suono.

«Lei è sempre molto gentile» dice Consuelo.

«Dovere.» Il *concierge* fa un cenno soddisfatto con il capo.

La donna si rende conto dell'insolita animazione attorno a sé. Non tanto nei clienti, che si riducono a una coppia che transita diretta proprio verso il salone e a un signore in là con gli anni, vestito elegante, che sta uscendo in strada ora. Quanto nel personale, addirittura nelle cose. I mobili pesantissimi della hall – quello alle spalle del *concierge*, per esempio, ma anche le poltrone del salottino, il tavolino tra di esse, il pianoforte verticale, la credenza di servizio – le sono sembrati fin dal primo giorno arcigne fortezze in rappresentanza di qualcosa che s'è perso chissà dove. Anche l'albero di Natale lì a fianco le era parso più simile a un monumento che non a un segno di festa. Ma ora tutto è partecipe dell'eccitazione generale. Sul tavolino, per esempio, è comparso un vaso in alabastro in cui sono stati infilati dei semplici narcisi insieme a qualche lunga foglia lanceolata. Stanno benissimo e danno un tocco di leggerezza così intenso che anche il velluto delle poltrone attorno sembra meno cupo. Sul pianoforte invece è stato steso un pizzo, e sopra il pizzo ecco due coppe di cristallo, la prima piena di caramelle, la seconda di cioccolatini. Mentre al centro sta discreta una piletta di cartoncini pubblicitari con il nome, l'indirizzo e il numero di telefono dell'hotel.

Consuelo si guarda attorno, registra i cambiamenti, poi è soprattutto l'anomalo andirivieni dei camerieri ad attrarre la sua attenzione. Da e per il salone da pranzo, su e giù dall'imbocco delle scale. Hanno tutti le mani ingombre. La donna ora sa perché, glielo ha rivelato il *concierge*: sono i preparativi per il Capodanno. Lei non ci aveva neppure pensato e questo la fa sentire esclusa, come se Tonio fosse allettato per una malattia. In casi del genere, infatti, è inopportuno che una moglie festeggi. Nessuno glielo propone neppure, sarebbe di cattivo gusto. Uno a languire steso in un letto, l'altra a brindare seduta a tavola?

Tonio però non è in ospedale, sta facendo quello che più ama al mondo. E il suo non è neppure un volo qualsiasi, ma un raid. Entrerà nella storia. Perché, allora, Consuelo non dovrebbe festeggiare? La verità è un'altra. Nessuno la esclude o pensa sia disdicevole che lei si diverta. Le basterebbe scegliere a quale cena prendere parte e come vestirsi. Solo che non se la sente, ecco tutto.

L'inquietudine della donna aumenta una volta che ha preso posto nel salone per un consommé e un pezzo di manzo bollito con contorno di peperoni in padella, cresce mentre sorbisce il caffè, si ingrandisce ancora nel pomeriggio. Le ore passano senza che nessuno bussi alla porta della camera per consegnarle un telegramma, né che un cameriere al piano venga a chiamarla perché è attesa al telefono. La frustrazione dell'attesa corre parallela a quella del sentirsi esclusa dalla vita. Cerca di farsi forza, ma è sempre più difficile che il bolo rovente abbandoni lo stomaco e si raffreddi salendo. Cerca anche di leggere, ma invano. Prende il blocco, disegna, strappa il foglio. Poi di nuovo e di nuovo. Le linee che traccia le sembrano graffi.

A metà pomeriggio, mentre ormai la luce inizia a calare, la nevicata indolente della mattina torna ancora una volta a fare capolino, poi subito si rafforza. Questo indispettisce Consuelo, come se fosse un ulteriore velo di silenzio che cala sulle cose. Mentre basterebbe tornare nell'ingresso dell'hotel o uscire in strada, per rendersi conto di quanto chiasso sia a portata di mano, solo che lo si voglia.

La seconda notte senza Tonio è di gran lunga peggiore rispetto alla prima. Nel buio le ipotesi si contraddicono di continuo. Non ha scritto perché è avvenuto un disastro si arma contro non ha scritto perché lui è fatto così: si dilunga se ha qualcosa da dire, altrimenti si fa i fatti suoi. Tra le due ecco poi una terza ipotesi: non è cattiva volontà, la sua, è che desidera sentire la mia voce, si farà vivo solo quando potrà telefonare. Senza dimenticarne una quarta, che poi in realtà dovrebbe essere la prima, tanto è sensata: va verso est, fa tappa via via in scali sempre più lontani e meno attrezzati, chi lo dice che da lì sia possibile inviare un telegramma? Consuelo si sforza di moltiplicare i perché del silenzio. Le va bene qualsiasi cosa, a parte il disastro. Cerca di convincersi che quanto più le spiegazioni aumentano di numero, tanto meno sarà probabile il fallimento del raid. Resterà una possibilità tra tante, tantissime altre, e scolorerà all'orizzonte. Ma è davvero così?

La donna ora ripensa alla baia di Saint-Raphaël. Sono passati due anni soltanto. In quel periodo Tonio alloggiava a Perpignan con un collega di nome Jean Gonord. Trascorrevano le serate a giocare a scacchi. Poi, a mezzanotte, suo marito lasciava solo il collega e le telefonava. Stavano anche mezzora a parlare fitto fitto. Le giornate invece i due aviatori le trascorrevano facendo collaudi. Se Tonio aveva ottenuto quell'incarico era grazie a Daurat, che aveva fatto ricadere la scelta su di lui, esattamente come era accaduto anni prima all'Aéropostale. Li pagavano bene, i collaudatori.

Tutto era finito il 21 dicembre. Quel giorno Tonio trasportava su un Latécoère 293 tre passeggeri: un ufficiale di marina, un ingegnere navale mandato da Parigi appositamente per quel collaudo e un meccanico. Aveva ammarato nella baia come avrebbe fatto se si fosse trovato ai comandi di un aereo da guerra, cioè affondando violentemente la punta dei galleggianti nell'acqua. Invece avrebbe dovuto tenere il muso alzato. L'impatto era stato violento. Uno dei galleggianti si era spezzato. Il Latécoère aveva compiuto un giro su se stesso e l'ufficiale di marina, che sedeva accanto a Tonio, era stato catapultato in mare. Il meccanico era riuscito ad abbandonare la cabina attraverso l'apertura della mitragliatrice. L'ingegnere, infine, era stato tratto provvidenzialmente in salvo da alcuni marinai, visto che non sapeva nuotare.

Nel verde marcio era rimasto soltanto Tonio, che non vedeva niente e cercava a tastoni la porta in quello che credeva essere il soffitto dell'aereo, mentre si trattava del pavimento. Si era diretto verso la coda, inghiottendo acqua e preparandosi a morire. Era sereno, avrebbe raccontato in seguito a Consuelo, stranamente sereno. O forse solo rassegnato. Sta di fatto che aveva trovato una sacca d'aria che gli aveva permesso di ripulire i polmoni. La vita l'aveva preteso con convulsioni brutali. E alla fine i marinai che avevano tratto in salvo l'ingegnere erano riusciti a trarre in salvo anche lui. Ora, a distanza di due anni e una manciata di giorni, in quell'acqua verde marcio da cui Tonio è riuscito a uscire ci si immerge Consuelo addormentandosi.

10

Il 31 dicembre 1935, ultimo giorno di un anno che sì, sta finendo, ma che è ancora troppo presto perché si possa giudicarlo, inizia due volte. La prima nel modo che ci si potrebbe aspettare: Consuelo si sveglia, tergiversa a letto, si attarda nel prepararsi, lascia che i sentimenti bisticcino con la ragione, infine riesce a imporre a se stessa, chissà per quanto, un'apparente serenità che le consente di scendere e raggiungere il salone da pranzo. Qui trova un'atmosfera elettrificata dall'eccitazione. La intuisce nei gesti pur compassati dei camerieri, la osserva nei cenni del capo che si scambiano gli ospiti parlando. La potenza della festa è trattenuta a stento dai corpi, in attesa di poter esplodere. Il che naturalmente contribuisce a farla sentire sola. Quando poi decide di averne abbastanza, getta sul tavolo il tovagliolo che teneva con grazia sulle cosce, si alza e abbandona il salone. Un attimo dopo, il suo 31 dicembre inizia per la seconda volta.

«*Maman!*» urla incredula. «Voi qui!»

Di fronte a Consuelo, accanto al bancone del *concierge*, sta Marie Boyer de Fonscolombe, vedova di Jean de Saint-Exupéry. La madre di Tonio.

«Consuelo» dice la donna allargando le braccia. I bei capelli d'argento le ondeggiano in capo, accogliendo la luce calda del lampadario. «Venite ad abbracciarmi.»

Le due si stringono. La più giovane chiude gli occhi e si immerge nel profumo dell'altra, che la fa sentire accolta e risveglia memorie famigliari. Poi, dopo che si sono leggermente distaccate, Marie la trattiene per le spalle. «Fatemi vedere com'è bella la mia nuora indigena.» La indaga: «Non c'è che dire: siete quella di sempre. Eppure sembrate sciupata».

«Ho dormito tanto, ma devo aver riposato male. Cattiva digestione. Ogni tanto mi capita. Però ditemi di voi! È così bello avervi qui.»

Marie la prende a braccetto, la trascina con delicatezza via dal bancone e soprattutto dal *concierge*. Non prima, però, di avergli indicato con un gesto la propria valigia, perché quello possa provvedere.

«Non c'è poi molto da dire. Mi trovavo a Lione e ho pensato di approfittare di voi per trascorrere qualche giorno a Parigi, invece di rientrare subito ad Agay da Gabrielle. Speravo di trovare la neve. Credo sia stato questo, in fondo, che mi ha fatto decidere. Il desiderio infantile di vedere Parigi con la neve.»

«Siete stata fortunata. È venuta ieri, fino a due giorni fa non ce n'era traccia.»

«Forse alla mia età si ottiene più facilmente qualche piccola soddisfazione» sorride Marie. «Ma non voglio farvi perdere tempo. Se ci sarà modo di stare un po' insieme, nei prossimi giorni, mi farà piacere. Prima però badate ai vostri impegni, figlia mia.»

«Oh, *maman*! Nessun impegno, ci credereste? Lascio che a Parigi tutti vadano di fretta e io mi accontento di trascorrere le mie ore in pace.»

«Non avete in programma pranzi? Ditemi almeno con chi festeggerete stasera.»

Consuelo abbassa lo sguardo, scuote la testa. «*Maman*...» Ora la fissa di nuovo dritto negli occhi: «Se devo dirvi la verità, non ho in animo di festeggiare. Mi pare un giorno come un altro, questo martedì. Anzi è più vuoto, più insulso di tutti quelli che ho vissuto finora».

«Vi manca così tanto, Tonio?»

Consuelo si morde con gli incisivi il labbro inferiore. È una tagliola che scatta e quasi esce il sangue, ma la cosa almeno la fa sentire viva.

«Dopo il telegramma di cui vi ho detto al telefono, non ne sono arrivati altri.»

«E voi vi state dando il tormento.»

«So che faccio la figura della sciocca. E forse lo sono davvero: Tonio ha altro da fare che dettare messaggi. Non so neppure se è possibile, dagli aeroporti in cui fa scalo. Però...»

«Il silenzio che voi dite non piace neppure a me» considera Marie. «Tuttavia non ci tengo, a sentirmi sciocca. Almeno per il rispetto che devo a questi miei venerandi capelli grigi. Occorre che troviamo una soluzione.»

«Ne esistono?» chiede Consuelo stupita.

«Naturalmente. Ce ne sono anche di molto semplici. Voi dite che questo martedì è vuoto e che non avete programmi neppure per i prossimi giorni. Ecco: occorre prima di tutto che occupiate il tempo. Che non diate occasione ai pensieri di guastarsi. Vi proporrei una passeggiata, per cominciare. Farebbe bene a entrambe. Anzi, a dire il vero soprattutto a me. L'inverno è inclemente con le articolazioni, dopo una certa età, per cui muoversi è essenziale.»

«Un'età che però non vi appartiene, lo sapete bene. Se anche gli anni sono andati avanti, voi non li avete seguiti.»

«Siete così gentile a volermi bene. Potremo discuterne camminando. Andiamo?»

Consuelo esita, si mordicchia di nuovo il labbro, ma poco.

«*Maman*, io...»

«Cosa vi trattiene? Non abbiate vergogna a dirmelo.»

«Mi sono figurata che Tonio potrebbe addirittura telefonare. Forse non invia altri telegrammi perché attende l'occasione buona per far sentire la sua voce. Magari sarà possibile, in uno dei prossimi scali.»

«Tutto può essere. Fa rotta verso terre che non conosco per niente. Chissà se gli sarà impossibile inviare un telegramma, come dicevate prima, o se al contrario riuscirà addirittura a telefonare. Eppure una cosa la so per certo.»

«Cosa?»

Marie indica con la testa il *concierge*: «Che quell'uomo, là dietro al bancone, sarà puntuale nell'annotare ogni parola e nel riferirvela».

«Però così non sentirei la sua voce.»

«Vi importa davvero? Tonio è uno splendido chiacchierone: sono anni che lo ascoltate, e sarà di nuovo così dopo il suo ritorno. Fino alla fine dei tempi e forse anche oltre. Come sapete, c'è solo un modo per farlo stare zitto. Interromperlo. Se si offende, può rimanere muto anche fino al giorno dopo. Non è forse vero?»

Consuelo ride. O quasi: nel trattenere quel moto spontaneo, finisce per sbuffare dal naso. Ma almeno gli zigomi sono guizzati verso l'alto, lo sguardo s'è fatto meno opaco.

«Devo rendervi una confessione.»

«Avanti.»

«Certe volte mi scappa d'interromperlo senza volere, ma altre lo faccio apposta. Si arrabbia in una maniera... Però non litighiamo. È come avete detto voi: ammutolisce almeno fino all'ora di andare a letto, poi la notte cancella tutto.»

«Non vi biasimo, figlia mia. Quindi andiamo?»

«Mi è così difficile, muovermi da qui...»

«Ma allora non volete proprio sedurlo, vostro marito!» sbotta Marie.

«Cosa dite?»

«Una cosa che sapete bene anche voi: una donna deve pur farsi desiderare. Se già prima pensavo che una passeggiata fosse una buona idea, ora mi sono convinta che non ci sia nulla di meglio al mondo. Presto, andiamocene, prima che Tonio chiami!»

Ora Consuelo ride apertamente.

«Cosa fate ancora qui? Salite a prendere il cappotto. E mettete delle scarpe comode.»

Una ventina di minuti dopo le due donne stanno attraversando la Senna sul ponte a cui l'hotel deve il proprio nome. Dritta a loro, subito al di là del fiume, ecco l'École du Louvre. Se soltanto Consuelo riuscisse davvero a rasserenarsi, si godrebbe la luce che rimanda la neve giù dagli argini, dove ancora nessuno è sceso a calpestarla, oppure lo scorrere pacifico dell'acqua, la cui superficie è increspata da una brezza leggera: solo quando la solca una chiatta si muove un po' di più, schiumando a poppa. Si godrebbe lo sfarzo degli addobbi natalizi che si vedono qua e là. Si godrebbe il placido viavai dei passanti, in questo strano giorno che è di lavoro e insieme di attesa della festa. Si godrebbe la magnificenza del Jardin des Tuileries, mentre lo costeggiano: i suoi alberi si mostrano come consacrati, per via del manto bianco che li adorna. E però, se è vero che non riesce a godersi niente per come potrebbe, è anche vero che il parlottare con Marie la tiene occupata. Nei fatti, pur senza che se ne renda conto, sta già meglio.

Svoltano a destra, verso la Comédie-Française, e poi, dopo aver costeggiato il Palais-Royal – un complesso che da solo occupa un intero isolato – girano un'altra volta a destra. Non si sono date una meta e del resto Marie, conoscendo il carattere bizzoso della nuora, non era neppure certa che sarebbe ridiscesa, quando le ha intimato di salire a prendere il cappotto. Impossibile pensare di pianificare un itinerario. Così si è accontentata: camminare per camminare, non importa verso dove. Lo stesso è per Consuelo. Lo sforzo di lasciare il Pont Royal è stato sufficiente, non si poteva pretendere altro da lei. O almeno così credeva, così ha creduto fino a poco fa. Ora però si rende conto di dove sono giunte.

«*Maman*, guardate: quella è Notre-Dame-des-Victoires. Vi va se entriamo?»

La basilica ha una sua piccola storia favolosa. A inizio Ottocento i parrocchiani erano pochissimi e il curato, padre Desgenettes, sembrava sempre più isolato. C'era chi non lo salutava neppure, incontrandolo per strada, mentre altri al suo comparire ammutolivano. Così il sacerdote, che nel tempo si era ridotto a celebrare messa sull'altare della Vergine, visto che le poche panche che aveva di fronte erano più che sufficienti per i devoti, aveva chiesto all'arcivescovo di essere rimosso. Non si spiegava quell'ostilità, ma ogni giorno gli avvelenava sempre più l'animo e forse, era costretto ad ammettere, la sua presenza avvelenava quello dei fedeli. Ma l'arcivescovo non aveva voluto intervenire.

Un giorno in cui si sentiva particolarmente oppresso, padre Desgenettes aveva udito una voce domandargli di consacrare la parrocchia al santissimo cuore immacolato di Maria. Subito il turbamento si era dissolto. Più tardi, in sagrestia, quando di nuovo pensieri cupi si erano fatti largo dentro di lui, la voce aveva rinnovato la richiesta e ancora una volta in lui era tornata la pace. Rientrato a casa, aveva compilato lo statuto di una confraternita mariana di preghiera. Quindi la domenica seguente aveva annunciato ai dieci fedeli presenti la consacrazione che avrebbe compiuto ai vespri. Per quell'ora, la chiesa si era riempita. E piena lo sarebbe stata sempre, di lì in poi.

Consuelo conosce questa storia perché a lei e a Tonio l'aveva raccontata Henry de Ségogne, una sera che passavano di lì insieme ad altri amici. Non che fosse una grande storia, a ben vedere: di voci misteriose è piena la tradizione cristiana. Tuttavia su Henry, che tra loro era l'unico parigino, aveva fatto presa. Riusciva a immaginare il dolore crescente nell'animo di un uomo che si sentiva messo all'angolo senza sapere il perché. Un angolo da cui peraltro l'unico che avrebbe potuto aiutarlo, l'arcivescovo, si rifiutava di farlo uscire. E poi, cos'era successo? Henry vedeva di fronte a sé, come se davvero fosse lì, un padre Desgenettes rinato, allegro. La domenica, celebrata la messa, per pranzo andava ospite ogni volta in una famiglia diversa.

È sempre così con queste storie, aveva concluso: si racconta quello che accade nelle chiese, ma niente di quello che succede fuori o semplicemente dopo. Erano stati tutti d'accordo. Poi Tonio aveva chiesto perché ne fosse a conoscenza. Henry aveva confessato che a Notre-Dame-des-Victoires ci veniva da bambino a servire messa. In sagrestia c'era un ritratto di padre Desgenettes con i capelli bianchi, la tonaca nera, una stola attorno al collo e una statuetta della Madonna con il Bambino che lo scrutava da dietro una spalla. Se lo sognava ancora, certe notti. Erano scoppiati tutti a ridere.

È proprio di fronte all'altare della Vergine che Consuelo racconta a Marie, bisbigliando, tutte queste cose. Poi, quando ha finito, senza alcuna soluzione di continuità si getta in ginocchio e spalanca le braccia, iniziando a pregare in maniera plateale. Ora non è più la moglie di uno scrittore europeo, non è neppure un'artista che si sta inserendo sempre più nel contesto parigino, ma è una donna salvadoregna che chiede aiuto come la sua gente ha sempre fatto.

Marie si guarda attorno. I pochi fedeli presenti, sparpagliati qua e là sulle panche della navata centrale in attesa dell'ultima messa dell'anno, sono tutti girati dalla loro parte. La donna ne incrocia gli sguardi e quelli sono costretti, uno dopo l'altro, a voltarsi. Quindi soddisfatta si inginocchia a sua volta, congiunge le mani, chiude gli occhi e reclina in avanti il capo. La cantilena spagnola che esce dalle labbra della nuora la culla e un po' la rasserena. Perché ora, per la prima volta, può ammettere a se stessa di avere paura per la vita del figlio. Da quando ha saputo che al telegramma di cui era a conoscenza non ne sono seguiti altri, ha speso tutte le proprie energie per contrastare l'umor nero di Consuelo, ma questo non vuol dire che dentro di lei non serpeggino identici timori.

Le ore seguenti sono caratterizzate, per quanto possibile, da una certa svagatezza. È Consuelo che, rinfrancata dalla preghiera, ora guida la conversazione e accelera il passo. Certo Montmartre non è così vicino, però possono tenere quella direzione e fermarsi a pranzo non appena trovano un bel posto. È d'accordo, *maman*? Naturalmente sì. E così accade. Intanto Consuelo la spinge a raccontare di Gabrielle. Sono ormai molti anni che la sorella più piccola di Tonio s'è sposata ed è andata a vivere ad Agay, il paese d'origine di suo marito Pierre, dove dà alla luce un figlio dopo l'altro. E un po' di tempo fa Marie si è trasferita a Cannes, che da Agay dista una trentina di chilometri, per stare vicino a quell'unica figlia davvero stabile.

«Da grande Didi è rimasta quella che era da bambina. Fa sorrisi radiosi e incantatori, che dissimulano un'autorità dominatrice e una volontà incrollabile. In tanti anni, l'ho vista piangere solo se sentiva minacciata la propria libertà o se vedeva qualcosa frapporsi tra sé e la realizzazione dei suoi desideri. Ora tutte le energie sono rivolte ai bambini. Che in effetti crescono come se li avesse disegnati lei, tratto dopo tratto.»

«Bene, no?»

«Si vedrà. Per intanto che sono bambini, va così. In seguito decideranno se ribellarsi e farle la guerra. In quel caso, sarebbe in minoranza.»

«Pierre?»

«Lavora da mattina a sera, tra campi, stalle, cantina e l'ufficio in cui conservano i documenti e fanno la contabilità. Le cose credo gli vadano bene, soprattutto con il vino, o almeno non si lamenta. È fatto così. Un uomo silenzioso, intento a pensare ad altro. Didi ha l'intera scena per sé.»

«Insomma, tutto nella norma.»

«Direi di sì. E il mare, ad Agay, è bello dodici mesi all'anno. Forse un po' troppo freddo, ma bello.»

A pranzo ordinano le stesse cose: una densa zuppa di cipolle, un trancio di *quiche lorraine*, patate bollite con il prezzemolo. Il pane, nero e croccante, è particolarmente buono.

Quando il discorso torna su Tonio – l'hanno lambito più di una volta: Henry de Ségogne, in fondo, è un suo amico di giovinezza e due giorni prima era al Bourget a salutarlo; Didi è la sua sorella prediletta – Marie propone di cercargli un regalo di bentornato.

Consuelo batte le mani contenta, approvando l'idea.

«Ma cosa?»

«Quello che volete, a patto che costi centocinquantamila franchi: gli lasceremo il conto da pagare.»

«Ne convengo, sarebbe divertente. Ma non vorrei che fallisse il record, arrivando anche solo con un quarto d'ora di ritardo rispetto a Japy. Sarebbe un problema. Temo non sia il caso di contrarre altri debiti, per noi.»

«D'accordo, allora. Fatemi voi una proposta.»

Consuelo si porta l'indice al mento per concentrarsi.

«Se mi è consentito essere sincera, vorrei ricevere io un regalo da lui. Mi piacerebbe che per un po' stesse tranquillo qui a Parigi, dopo che sarà rientrato.»

«Allora invogliamolo a rimanere a terra. Che ne dite di un bastone da passeggio?»

«È davvero un'ottima idea. Non ne ha mai posseduto uno. Lo renderà elegante» risponde Consuelo.

Così anche il pomeriggio corre via senza troppe preoccupazioni, all'inseguimento di un bastone che si potrà afferrare per un manico che sembra la testa di un can barbone. La bestia, in ottone opaco, ha un'aria mansueta. Presto dovrà giurare eterna fedeltà al suo padrone.

La neve ha ormai smarrito ogni splendore, quando le due donne percorrono il breve tratto di rue de Montalembert che serve a raggiungere il Pont Royal: è disfatta, resa opaca dal passaggio dei parigini, spenta a causa del tradimento del sole, che ormai si abbassa sulla linea dell'orizzonte.

Una volta superati i vetri all'ingresso, Consuelo punta decisa al banco del *concierge*, con Marie che, colta di sorpresa, rimane indietro di alcuni passi. Questo non le impedisce di sentire distintamente ogni battuta del breve dialogo tra la nuora e l'uomo.

«Buonasera. Ci sono messaggi per me? Mi ha cercata qualcuno?»

«Buonasera, *madame*. No, nessun messaggio.»

«Ne è sicuro?»

«Assolutamente, *madame*. Né io, né il ragazzo ci siamo mai allontanati di qui, nel corso dell'intera giornata.»

Consuelo abbassa lo sguardo. Marie, che ora l'ha raggiunta e le sta a fianco, le sente fare l'ultimo tentativo con voce strozzata: «Neppure un telegramma, vero?».

«Neppure, *madame*. Tuttavia sarà mia cura inviare il fattorino a cercarvi, non appena sarà arrivato, senza attendere di vedervi. Spero che questo possa farvi piacere.»

«Vi sono riconoscente.»

Marie passa il braccio attorno alla spalla della nuora, ringrazia a sua volta il *concierge* e la conduce via con sé. Già mentre si dirigono verso l'ascensore le dice che nulla è cambiato, rispetto alla mattina. Perché preoccuparsi?

«Sono passate altre sei ore...»

«E altre ancora ne passeranno, perché è così che funziona. Ma questo non rende più facile inviare telegrammi da scali sperduti, purtroppo. Tonio sarà più in pena di voi nel non riuscirci, credetemi.»

«Cosa possiamo fare?»

«Abbiamo chiesto la protezione della Madonna. Qualche altra preghiera non farà male. E per il resto attenderemo.»

Sono in piedi sul morbido tappeto del corridoio, di fronte all'appartamentino di Consuelo, che armeggia con le chiavi. Marie entra con lei, si siede ad aspettare che si metta comoda. Per ora non intende lasciarla sola. Poi si vedrà.

«Forse potremmo farci portare del tè» propone la nuora dopo essere ricomparsa dal bagno in vestaglia.

«Ottima idea. Ci scalderà. Soprattutto me, che non sono più una ragazzina.»

Non fanno in tempo a dire altro, che bussano alla porta.

«Avanti!»

Come già accaduto all'alba di due giorni prima, il cameriere al piano si affaccia quasi costernato.

«*Madame* de Saint-Exupéry, perdonate il disturbo. Vi cercano.»

Consuelo cambia faccia in un solo momento, illuminandosi.

«Una telefonata? Un telegramma?»

11

«La signorina Goisot vi attende nella hall» dice il cameriere al piano.

«Oh, Madeleine... Certo, vi ringrazio.» La delusione di Consuelo è evidente. «Domandatele di pazientare e di perdonarmi. Scenderò il prima possibile.»

«Come desiderate.»

Il giovane esegue un piccolo inchino, retrocede senza voltarsi: lo farà solo dopo aver chiuso la porta.

«Una vostra amica?» chiede Marie.

«Il mio angelo custode. L'ho conosciuta al Café Weber nel febbraio dell'anno scorso. Eravamo entrambe dalle parti di place de la Concorde, quando sono iniziati i disordini e la polizia si è messa a sparare sui manifestanti. Un'ondata di non so più quante persone si è riversata in rue Royale. Noi correvamo, e alla fine ci siamo ritrovate insieme al Weber. Il proprietario stava per sprangare la porta, ma lei è riuscita a infilarsi e a tirarmi dentro con sé.»

«Non me ne avevate mai parlato.»

«Neppure a Tonio l'ho raccontato in questi termini. Ma qualcosa deve avere intuito: è la sua prediletta, tra le mie amiche.»

«Allora non potete farla attendere» dice Marie alzandosi. «Quanto a me, vi lascio. Devo ancora disfare la valigia. Scendo a prendere la chiave.»

«Se avete pazienza per pochi minuti, indosso nuovamente gli abiti di prima e scendo con voi. Mi farebbe piacere che la conosceste.»

«Non vorrei sottrarvi tempo.»

«No, no davvero. Nessun tempo sottratto.»

«Allora facciamo come dite, figlia mia. Saluterò la vostra amica, poi vi lascerò tranquille.»

Dieci minuti più tardi le tre donne siedono intorno al vaso di alabastro con narcisi e foglie lanceolate che è comparso il giorno precedente sul tavolo del salottino all'ingresso. Madeleine e Consuelo si sono subito baciate, vedendosi, poi sono state fatte le presentazioni. Per la seconda volta Marie ha cercato di congedarsi, ma di nuovo è stata convinta a restare. L'albero di Natale, lì accanto, oggi sembra un po' storto.

«Quindi un telegramma soltanto» dice la nuova arrivata.

«Uno soltanto, sì. Però» si affretta ad aggiungere Consuelo, «*maman* e io pensiamo che sia dovuto alla difficoltà di inviarne altri dagli scali successivi. Basta che l'ufficio preposto sia lontano dalla pista o non ci sia affatto, oppure che l'addetto si assenti, o magari che in quell'aeroporto Tonio debba far fronte a qualche urgenza. Ed ecco che diventa impossibile.»

Marie annuisce.

«Quanti scali avrà raggiunto, finora?» chiede Madeleine.

«Non so...» Consuelo prova a pensarci. Fa un calcolo a partire dalla distanza tra Parigi e Tunisi e dal tempo che ha impiegato Tonio a coprirla. Somma le ore trascorse da allora. Divide. Quindi azzarda: «Potrebbero essere sei in tutto? Qualcosa del genere. Dipende dal vento che hanno trovato in quota e da quanto carburante stanno consumando».

«Se dal primo ti ha scritto, sicuramente dai due o tre dopo no, perché erano troppo ravvicinati. Magari poi avrà fatto un paio di tentativi che sono andati a vuoto. O chissà, magari l'ultimo è anche andato a buon fine. Ma se capisco bene, dovrebbe essere avvenuto in uno scalo misterioso che in linea d'aria si trova a metà strada tra Baghdad e Calcutta. Quanto ci mette ad arrivare un telegramma spedito da lì? Magari li trasmettono a giorni alterni. O magari hanno avuto problemi. È impossibile saperlo.»

«Ha ragione la vostra amica, figlia mia. È facile immaginare che il telegramma sia in viaggio, ma che abbia tempi più lenti di quelli a cui siamo abituate.»

«Voglio credervi. Voglio credere al vostro buonsenso e al vostro buon cuore» dice Consuelo, facendosi forza.

Per ragioni di cortesia, oltre che per cambiare discorso, Marie chiede: «Di cosa vi occupate, Madeleine?». Intende ascoltare la risposta, commentarla in maniera garbata, assicurarsi che davvero la chiacchierata abbia preso un corso diverso e poi congedarsi. Non solo deve ancora disfare la valigia, ma inizia ad accusare la stanchezza del viaggio e della camminata.

«Sono anch'io un'artista, ci credereste? Proprio come Consuelo. E, temo, come una metà degli abitanti di questa città sotto i trentacinque anni» risponde ridendo. «Dopo quell'età, continuano solo quelli capaci davvero. O quelli che sono abbastanza ricchi da riuscire a vivere senza vendere neppure un'opera.»

«Dunque per me si avvicina il momento della verità, crudelissima Madeleine.»

«Ma amica mia, tu sei un fiore! Sarai prossima a farne venticinque, forse, non certo trentacinque.»

«Sei una ruffiana. Soprattutto per come sono sciupata oggi.»

«Oggi, ieri, domani... Che importa? Rimani la bellissima rosa selvaggia che ha abbandonato le terre in cui è spuntata per venire a civilizzarsi in Europa e in special modo qui a Parigi, cuore del vecchio continente. Il tuo impegno è encomiabile, la tua giovinezza imperitura e il tuo talento fuori discussione.»

«Ritiro quello che ho detto. Non sei una ruffiana qualunque. Sei la santa protettrice di tutte le ruffiane, amica cara. E se posso darti un consiglio...»

«Prego.»

«Continua così.»

Marie, che ha osservato il siparietto, si convince di poter affidare la nuora alle cure di quella Madeleine così premurosa. Sarà capace di portarla con sé a qualche bella tavola – ormai non manca molto, alla cena – e di farle attendere l'arrivo dell'anno nuovo. Quanto a lei, le basta riposarsi. Non desidera altro.

«Vi lascio tranquille. Salgo.»

Consuelo vorrebbe protestare. Ma per la terza volta nel corso della stessa giornata, il destino sceglie l'Hotel Pont Royal per giocare alle coincidenze. Stamattina ha fatto in modo che Consuelo incontrasse Marie senza che questa dovesse cercarla. Poco fa ha spinto il cameriere al piano a bussare alla porta dell'appartamento proprio quando stavano per chiamarlo e ordinare un tè, dando notizia dell'arrivo di Madeleine. Infine ora, mentre *maman* sta per andarsene, nell'andirivieni di clienti che escono per raggiungere un ristorante dove festeggiare o che rientrano per prepararsi al cenone che si terrà lì, sbuca inaspettato Lucas.

«Voi qua?»

«Passavo e ho pensato di vedere se c'eravate. Desideravo salutarvi e augurarvi buon anno di persona. Sono stato fortunato.»

Consuelo si alza a baciarlo. «La mia amica Madeleine la conoscete» dice poi accennando alla ragazza, che china il capo in segno di saluto, «mentre non so se abbiate mai incontrato *madame* de Saint-Exupéry, la madre di Tonio.»

«Ho molto sentito parlare di voi, signora, davvero molto.»

«*Maman*, lui è Jean Lucas.»

«Anch'io ho sentito parlare di voi. Anzi, a dire il vero

ho letto di voi. Nelle lettere di mio figlio. Mi fa piacere che finalmente ci sia occasione di darvi un volto.»

Si è alzata a sua volta. Lucas improvvisa un goffo baciamano, con in faccia l'espressione di chi sa di non essere capace di fare una cosa, ma di volerla fare lo stesso nella speranza di divertire i presenti. In effetti, l'allegria dello scambio di prima tra Madeleine e Consuelo sembra trovare in questo un motivo per perpetuarsi. «Come siete galante!» dice infatti la seconda delle due. «Somigliate a un pinguino, ma un pinguino davvero, davvero galante!»

«Voi invece non lo siete per niente, a screditarmi così davanti a tutti! Che figura faccio, con *madame*?»

Marie si risiede. In piedi restano soltanto Consuelo e Lucas, che ora chiede notizie di Tonio.

«Un unico telegramma, da Tunisi. Il primo giorno.»

«Non ne scrive altri per non far vedere che ci sta mettendo più tempo del dovuto, quel disgraziato.»

«Ecco una spiegazione che ancora non ci eravamo date.»

Si vede, però, che l'atmosfera è cambiata di nuovo.

«Siete preoccupata.»

«Ma no» scuote la testa Consuelo. «No. Ne ho già parlato a lungo con *maman*, e ora con Madeleine. Nel secondo, nel terzo e forse anche nel quarto scalo non avrà ritenuto di scrivere nuovamente, perché era troppo presto. Poi ci sarà stato chissà che problema di trasmissione o di personale. O magari aveva più urgenza di andare in bagno.»

«Dite bene. Però mi spiace vedervi così. E la stessa inquietudine temo affligga anche il cuore di *ma-*

dame. Quindi, se permettete, farei una telefonata per avere conferma della regolarità dei transiti. Non sarà come ricevere un suo telegramma, ma ce lo faremo bastare. Che cosa ne dite?»

«Sareste di una gentilezza squisita. In cambio, mi impegno fin d'ora a non dire mai più che siete un pinguino galante. Almeno non in pubblico.»

«Lo considero uno scambio equo.»

Lucas si dirige verso il *concierge*, attende che abbia esaudito le richieste di una coppia già al bancone, poi quando i due si sono allontanati domanda di poter utilizzare il telefono di servizio. La sua è una telefonata riservata, preferirebbe evitare quello pubblico. L'uomo appare contrariato. Lucas si china in avanti, avvicina la bocca al suo orecchio, borbotta qualcosa. Il *concierge* ci pensa, poi si stringe nelle spalle, annuisce. Lucas scompare dietro il bancone.

Mentre torna – le tre donne, in sua assenza, si sono ripetute più volte che è una vera fortuna che sia passato di lì; e Consuelo ha aggiunto che avrebbe dovuto pensarci lei, a cercarlo per farsi aiutare, ma insomma ora andrà tutto a posto –, Lucas tiene le guance gonfie come un pesce. Arrivato al salottino, butta fuori l'aria tutta insieme e riferisce: «Ho chiamato in Air France e ho chiesto di stabilire un ponte telefonico con l'aeroporto del Cairo, per avere informazioni direttamente da loro. Tonio dovrebbe esserci passato già da tempo, e con l'Egitto in genere si riesce a parlare senza problemi. Non questa volta, però. Quando mi hanno richiamato, hanno detto di non aver ottenuto nulla».

«Quindi Tonio non si è visto?» chiede Consuelo allarmata.

«Ma no, no, cosa dite? È solo che il collegamento non funziona. È il trentun dicembre: poco personale, molto traffico telefonico, linee che vanno a singhiozzo. Fate conto che non abbia neppure provato.»

Consuelo si lascia andare contro lo schienale, sospira: «Vi ringrazio».

Lucas si siede con le tre donne, dà l'avvio a una conversazione stentata e contraddittoria: le labbra formulano parole di conforto, gli sguardi luccicano allarmati. Ormai è quasi ora di cena e il salottino diventa un'isola nel flusso di ospiti che scendono eleganti e si dirigono verso il salone. Già si moltiplicano i camerieri che vanno avanti e indietro indaffarati. Il brusio delle chiacchiere, punteggiato dai primi brindisi, arriva come la schiuma di un'onda contro la loro isola. Inizia a risalirne le spiagge. Non è possibile resistere a lungo. E comunque non c'è più niente da dire.

Così finisce anche questa giornata. Con quattro persone che si abbracciano tra i marmi, gli stucchi e i profili in legno della grande hall di un hotel in cui tutti, tranne loro, stanno entrando nell'anno nuovo. Né Madeleine e Lucas, che dopo essersi congedati escono in strada, né Consuelo e Marie, che salgono invece alle loro camere, attenderanno svegli la mezzanotte.

V

Sahara
martedì 31 dicembre 1935

12

«Siete sveglio?»

Tonio lo chiede dopo essersi girato verso Prévot. Che ha sì gli occhi chiusi, ma chissà, forse sta solo attendendo. Il meccanico infatti mugola, spalanca le palpebre.

«Non vorrei.»

«Eppure...»

Prévot solleva davanti a sé la mano, fa un gesto come a scacciare qualcosa, frustando l'aria.

«Ho dormito male.»

Tonio non sa cosa dire, distoglie lo sguardo. Pur rimanendo voltato all'indietro, adesso osserva fuori dal finestrino la sabbia che corre all'infinito oltre l'ala destra, l'unica che ancora rimanga al Simoun. La luce dolce dell'aurora la fa luccicare.

Poi ha un guizzo, punta un'altra volta gli occhi lucidi in quelli del meccanico. Chiede, improvvisamente eccitato: «Prévot, avete ancora quel vostro fazzoletto?».

«Quello con cui abbiamo filtrato il caffè?»

«Quello.»

«Se anche volessi perderlo, non saprei come.»

«Allora recuperate un bicchiere e andiamo.»

Escono, ora sono in piedi vicino all'ala.

«Vedete?» chiede ancora Tonio. Poi prende dalle mani del compagno il fazzoletto, lo striscia lentamente sulla superficie di metallo. Raccoglie la rugiada. Lo strano vento da nord-est che ha imbrogliato la rotta ha almeno il merito di portare con sé una certa umidità. «Tenete fermo il bicchiere.» Strizza con cautela, poi torna a raccogliere, a strizzare, a raccogliere, a strizzare. Come sarebbe bello, ora, che l'ala crescesse come crescono le unghie, ma più in fretta. Che promettesse l'indomani di essere un metro in più... Ma ci si deve accontentare, è già tanto. Il bicchiere è colmo.

«Vi lascio l'onore» dice Tonio con un sorriso.

Prévot lo solleva fino alle labbra secche, sorbisce lentamente il primo sorso. Subito le guance si contraggono, chiude gli occhi. «È tremenda» dice. Ma non abbastanza perché non ne beva un secondo sorso, esaurendo la propria quota. Quindi passa il bicchiere a Tonio, che invece manda giù tutto d'un fiato. L'acqua è nauseante, densa d'olio e di pittura.

«Per fortuna, c'è la rivoltella» dice Prévot, che s'è voltato verso il niente del Sahara.

La rabbia che divampa dentro Tonio è peggio del sapore che ha in bocca. Serve tutto, in una situazione del genere, tranne lasciarsi andare ai cattivi pensieri, che poi vuol dire lasciarsi andare ai sentimenti. Nel deserto ogni cosa è o deve imparare a essere semplice, per funzionare. Occorre che ogni gesto sia netto, niente di più e niente di meno che se stesso, senza zavorre che vengono da dentro.

Ora Tonio sbircia il meccanico con la coda dell'occhio. Potrebbe prenderlo a male parole. È pronto a farlo, se questo servirà a metterlo a tacere. Ma si rende conto di due cose. La prima: che Prévot s'è zittito da sé, quello che doveva dire l'ha già detto, non ha altro da aggiungere. La seconda: che non si sta lasciando vincere dalla disperazione, ma che ha parlato con la stessa tranquillità con cui avrebbe potuto dire «Dobbiamo lavarci le mani» prima di sedersi a tavola. L'uso della rivoltella è soltanto una questione di buonsenso, un'opportunità a loro disposizione se le cose andranno ancora peggio.

Mentre se ne stanno muti, lì in piedi, alla mente di Tonio si affaccia nuovamente la matematica dei soccorsi. Traiettoria, velocità del vento, chilometri quadrati e ore di vita che ancora rimangono loro non sanno mettersi in fila con sufficiente disciplina perché ne esca un risultato pur che sia, figuriamoci un risultato favorevole. Senz'altro li stanno cercando verso l'Arabia e andranno avanti tutto il giorno. Prima di domani nessun aereo sorvolerà la zona in cui si trovano, quindi, e per allora se ne saranno già andati: non possono certo starsene a impazzire all'ombra del rottame, quando camminando potrebbero guadagnarsela da soli, la salvezza. Così probabilmente i soccorritori planeranno sopra il Simoun, lo vedranno abbandonato e non potranno neppure immaginare dove si trovano loro in quel momento, punti neri mescolati a mille punti neri nel deserto. Sarà come se un universo e un altro si accostassero, vicinissimi ma impossibilitati a interagire. L'aereo da ricognizione, che ancora sa volare, lo farà in un'aria che non è l'aria respirata dai due. Pensarlo, per Tonio, non è neppure una tortura: i pesci vivono nel mare, gli uomini sulla terra, gli aviatori in cielo. Ora sono uomini, mentre quelli che li stanno cercando aviatori. Com'è possibile che si incontrino? Torna a considerare che ci vogliono almeno quindici giorni per trovare nel deserto un aereo di cui non si sa nulla, se la distanza percorsa è grossomodo di tremila chilometri. Il compasso si apre fino a toccare la Tripolitania da una parte e la Persia dall'altra.

«Siete stanco?»

«Ho riposato male, come vi dicevo.»

«Forse potreste restare qui. Andrò io in esplorazione, voi presidierete il Simoun. Se avrò fortuna, verrò a prendervi. Se l'avrete voi, farete lo stesso.»

«Non ho problemi a camminare.»

«Non sentitevi da meno. Le ricerche ormai devono essere cominciate, ha senso fare così.»

Prévot annuisce.

Tonio fa i due passi che bastano a raggiungere il meccanico, gli dà una pacca sulla spalla: «Forza, amico mio. Ognuno faccia quello che deve, poi si vedrà». Quindi si infila le mani in tasca, come andasse a passeggio, e si avvia. Attorno a loro i colori sono quelli dell'aurora e sono belli: ancora non c'è il sole implacabile che nel deserto è più funereo del drappo nero su una cassa da morto. I beduini dicono che dispersi si sopravvive per diciannove ore senza acqua, prima che gli occhi si colmino di luce. Quindi basta un attimo ed è tutto finito. Ma loro hanno bevuto, sia ieri sia oggi, e poi c'è, finché dura, il vento da nord-est.

Come un malandrino – perché è questa l'impressione che dà, sgualcito e con le mani in tasca – Tonio percorre le poche centinaia di metri che lo separano dalla collinetta dove si trovano le tane di volpe. Si avvicina con circospezione: non che serva, ma vuole gustarsi il momento. Eccole lì, poco oltre la macchia stenta di vegetazione. Ma niente, nessuno dei cappi ha funzionato. Il malandrino resta tale, non ce la fa a diventare bracconiere. Lui e Prévot non berranno sangue.

Il pilota, che non ci sperava davvero, ora sfila le mani dalle tasche del cappotto e si pinza i fianchi. È più perplesso che deluso. Di cosa si nutrono queste volpi del deserto? Si china di fronte a uno dei tre ingressi davanti a cui aveva collocato i suoi inutili lacci. Le zampette hanno lasciato tracce che è ancora possibile seguire. Perché non farlo? Le affianca e si lascia condurre al di là della collinetta. Avanza con andatura compassata, come se all'improvviso potesse trovarsi a tu per tu con una di quelle bestioline. Naturalmente, se anche accadesse, acciuffarla a mani nude sarebbe impossibile. Tuttavia una naturale cautela gli fa lo stesso da bussola, e ora lo accompagna verso uno stretto fiumicello di sabbia su cui le tracce sono ancora più nitide. Può osservare la graziosa palma formata dalle tre dita aperte della zampa. La confronta con la propria orma: è altrettanto netta, ma non assomiglia né a una palma, né a nient'altro. Sembra stupida, la sua orma. Quindi immagina la volpe che trotterella vivace all'alba, leccando la rugiada sulle pietre così come loro hanno fatto con quella sull'ala, ma senza olio e pittura. Una rugiada pura, buona, capace anche solo lei di giustificare la contentezza dell'animale. Qui le impronte sono più distanziate: la volpe dev'essersi messa a correre. Qui invece raddoppiano: una seconda volpe s'è affiancata alla prima, per un po' hanno trottato insieme, fianco a fianco. Tonio prova una certa gioia infantile, a immaginarle. O forse non sono tanto loro, che lo emozionano. È la vita in sé, scorgerne i segni, sentire che nonostante tutto ancora esiste.

Ecco, il ritmo delle tracce si fa irregolare, poi confuso, infine non si riesce a distinguere più niente. Ed è a questo punto che Tonio si rende conto di aver messo piede nella dispensa delle volpi del deserto. Qua e là, distanti cinquanta, cento metri l'uno dall'altro, si levano dalla sabbia piccoli arbusti secchi. Sembrano quelle alzatine a più piani che nelle cene importanti vengono portate a tavola colme di pasticceria secca insieme al caffè. Solo che sugli arbusti, al posto dei *macaron*, ci sono centinaia e centinaia di chioccioline dorate. È qui che all'alba vengono a fare colazione le volpi.

Tonio procede con cautela tra un arbusto e l'altro, senza avvicinarsi troppo. Si accovaccia, li scruta, appoggia le mani a terra per potersi protendere in avanti, a quattro zampe, ammirato dal loro mistero, dal mistero del rapporto tra predatori e prede. Alcuni sono carichi di gusci, non c'è un centimetro libero. Le bestie li hanno disdegnati. Altri invece sono circondati da girotondi di tracce, come se fossero stati studiati, ma anche lì non manca niente. Altri ancora hanno sui rami un ritmo pieno-vuoto che sembra quasi quello di uno spartito. Ma i vuoti sono pochi: la volpe porta via due o tre chiocciole da un ramo, poche altre da un secondo, poi cambia ristorante. Nessun saccheggio. Gioca forse a non placare la fame mattutina tutta d'un colpo per prolungare il piacere? No, pensa Tonio, non è questo. La volpe sa. La sua è una tattica indispensabile. Se si accanisse su un solo arbusto per volta, in tre o quattro giorni lo vuoterebbe. L'allevamento, estinto, non potrebbe più dare nuove chiocciole. Sono decine gli arbusti bruni che visita ogni mattina, si rende conto. E non preleva mai due chiocciole affiancate. Da ogni arbusto non ne mancano più di otto o nove in tutto. È davvero come se avesse la piena consapevolezza del rischio. Del resto il deserto è deserto anche per lei. Se peccasse di ingordigia, non ci sarebbero più chiocciole. Se non ci fossero più chiocciole, sarebbe la fine. Ma se a peccare di ingordigia, invece, fosse Tonio? Non ha potuto catturare il predatore perché il destino gli ha riservato la preda? Per un attimo prende in considerazione la possibilità di riempirsi le tasche di chioccioline dorate. Poi desiste. Non è questo il tempo. Ora deve andare, esplorare.

Il pilota strofina una mano contro l'altra, si dà una

ripulita, infine torna sui propri passi. Ora è di nuovo nei pressi delle tane, esattamente di fronte a quella da cui è partita la sua ricognizione. Immagina che là dentro, nel buio, se ne stia tremante la volpe, spaventata dal suo passo. Ma anche se fosse possibile, con che cuore cacciare una creatura con una così alta religione della vita? Piuttosto gli verrebbe da parlarle: "Mia piccola volpe, sono spacciato. Eppure sarebbe così bello, che questo fosse un giardino e io potessi stare qui a osservarti giorno dopo giorno in pace, fino ad addomesticarti... In un altro mondo, saremmo potuti diventare amici. Invece a me toccano o le luci negli occhi, o la rivoltella. Mentre tu continuerai ad amministrare con parsimonia le tue chiocciole".

Pensa così, Tonio, e gli prenderebbe la malinconia se non sapesse bene – era pronto a litigare con Prévot, prima – che i sentimenti nel deserto sono banditi. Piangere, quando non hai da bere, è una coglioneria. Quindi aggiusta la direzione con la bussola, si incammina verso nord-ovest. L'aurora si è dissolta e avanzare senza il meccanico, si rende conto, lo fiacca. Non c'è nessuno a cui dimostrare niente. Eppure deve andare, è giusto. Prendendosi la briga di arare la sabbia con le scarpe per lasciare un segno dietro di sé. Altrimenti ci saranno senz'altro le luci negli occhi, nel suo futuro, e niente rivoltella.

Passa una prima mezzora, in cui per farsi compagnia Tonio cerca di fantasticare sulla società delle chiocciole. Su come comunicano tra loro, su come si nutrono. Sui loro segreti. Ma il pensiero torna sempre alla volpe, alla sua allegria. Per misurarne la superiorità basta ricordare come sono nette le tracce che lascia senza neppure accorgersene, mentre lui è costretto alla fatica perché il filo non si interrompa.

Ecco, un altro quarto d'ora è trascorso. Il pilota abbassa lo sguardo al quadrante dell'orologio. Se diminuiscono gli intervalli tra una consultazione e l'altra, è perché si sta annoiando. Inoltre la luce è aumentata e il Sahara si fa via via più lugubre. Poi, però, ecco che alza la testa e lo vede.

«Ehi!» grida alzando il braccio.

È là, davanti a lui. Un uomo. Non può distinguerne con precisione i tratti per il riverbero del sole, ma di certo anche lui ha le braccia alzate nella sua direzione. Lo attende immobile. E così Tonio si mette a correre.

«Ehi!» grida ancora, strascicando il suono per quanto può. Poi è costretto a riprendere fiato e lo slancio si interrompe. Rialza la testa. L'abbaglio non è durato che un attimo. O forse è stato lui, che gridando ha svegliato quel beduino che dormiva e che ora si è tramutato in un tronco d'albero nero. Un albero, qui? Ancora una volta, più che la disperazione in Tonio può la curiosità. Cosa ci fa un albero nel deserto? Avanza ad ampie falcate, dimenticando di tracciare il percorso. In qualche modo saprà tornare indietro, adesso il desiderio di sapere è troppo.

Arrivato di fronte al tronco d'albero, il pilota si china a raccogliere un ramo spezzato. È di marmo, pesantissimo. Non se lo aspettava. Lo lascia dov'è e si rimette dritto. Coglie con lo sguardo altri marmi neri a forma di ramo, sparpagliati qua e là, e poco oltre ancora tronchi. Se prima è giunto tra arbusti carichi di chiocciole, ora capisce di aver messo piede in una foresta antidiluviana. È lì, crollata ai suoi piedi come una cattedrale fuori uso da almeno centomila anni, una cattedrale la cui volta sia esplosa, i cui muri non siano che un ricordo nella mente dei tempi e di cui non rimanga ritto che qualche troncone di colonna. Un uragano primordiale l'ha spazzata via, i secoli ne hanno sparpagliato i pezzi e così gli antichi alberi sono divenuti manufatti non si sa se di pietra o d'acciaio o di vetro, perché hanno tutte le caratteristiche insieme, e in più il colore è quello dell'inchiostro. Ancora si vedono le nodosità dei rami, le torsioni della vita, ancora è possibile contare gli anelli in un tronco, solo che lo si voglia. Che colpa avranno avuto, gli uccelli che vivevano e cantavano in questa selva? Perché una potenza talmente devastante che si stenta a chiamarla Dio ha sparso qui il suo sale, in modo da rendere la foresta sterile per sempre? Tonio si sente rigettato, come se il paesaggio gli fosse ostile. La vivacità che riconosceva alla volpe invisibile, quando ancora l'aria era carica della dolcezza dell'aurora, ormai non è che un ricordo. I relitti solenni, più neri delle pietre che hanno fatto rotolare il Simoun, lo ripudiano. Cosa c'entra lui, vivo, tra questi marmi incorruttibili? Lui che presto smetterà di respirare, con il suo corpo destinato a dissolversi, come può rimanere al cospetto dell'eternità?

Di fronte ai millenni, Tonio si mette a calcolare

– non sa neppure lui perché – che tra ieri e oggi ha percorso ottanta chilometri. Un niente, rispetto alla grandiosità della foresta, fin troppi se li misura sulla sua sete. Intanto il sole si è alzato ancora un po', brilla sui fusti che sembrano lucidati a olio. Tutti insieme compongono l'enigma di un carapace universale, di un'incudine immensa che fa sparire sabbia e volpi.

Il pilota si avvia di nuovo. È costretto ad attraversare la selva. E se pure è vero che non ha tracciato l'ultima parte del percorso prima di raggiungerla, è altrettanto vero che farà essa stessa da grandioso segnale per orientarlo, quando sarà il momento di tornare.

Tonio avanza sul piano dell'incudine. Al posto del martello, a rintoccargli in testa c'è il sole. Tra un colpo e l'altro, comincia a parlare tra sé e sé. Senza muovere le labbra.

"Ehi, ma laggiù..."

"Non c'è niente, smettila di agitarti. Stai già delirando."

"Ma come, non la vedi quella carovana? Eppure avanza."

"Se credi che sia vera, sei un imbecille. Te la stai inventando, lo sai."

"Allora non c'è più niente di vero, al mondo?"

No, in effetti non sembra esserci niente di vero a parte il sole, la sabbia e la sete. La ragione costringe Tonio a concludere così, dopo che il battibecco nel cervello s'è chetato. Solo miraggi su miraggi. Sono cominciati ieri alla solita maniera, con i grandi laghi adagiati dal riverbero del sole tra una duna e l'altra. Non c'è motivo perché oggi debba andare meglio. Eppure a Tonio sembra di vederla bene: quella all'orizzonte è proprio una croce. Si trova in cima a una collina che potrebbe distare una ventina chilometri, ma è indubitabile che ci sia. A meno che non si tratti di un faro: la distanza è grande, la vista potrebbe ingannarlo. Però basta pensarci un attimo. Dove gli occhi falliscono, riesce ancora una volta la ragione. Non sta guardando verso il mare, quindi niente faro. Inoltre ieri sera, mentre studiava la carta prima di addormentarsi, ha passato in rassegna uno per uno tutti i segni che testimoniavano la presenza dell'uomo. In un certo punto, ha scoperto un cerchietto sormontato da una croce uguale a quella che ora è là, in lontananza, più vera del vero. La legenda in margine alla mappa peraltro era chiara: istituto religioso. Ecco cosa indicava il segno. A fianco il cartografo aveva tracciato un punto nero. Di cui la legenda diceva: pozzo permanente. Tonio ricorda di averlo addirittura ripetuto un paio di volte tra sé, mormorando. Poi c'erano anche due cerchietti bianchi, poco oltre, di cui la legenda diceva: pozzo temporaneo. Ma pozzo permanente...

Attorno a quei segni, che insieme formavano una parola che non si aveva neppure il coraggio di pensare, non c'era nulla. Né a nord, né a sud, né a est, né a ovest. Il che corrisponde al nulla che ha trovato finora con Prévot. Dunque l'istituto religioso dev'essere davvero là, i monaci hanno eretto una grande croce perché sia più facile raggiungerlo. È quello che Tonio intende fare. Così si rimette in marcia di buona lena. E ricomincia il dibattito dentro di lui.

"Chissà quanti sono, questi domenicani..."

"Quali domenicani? Ci sono soltanto monasteri copti, in Libia."

"... domenicani studiosi, come lo sono sempre gli appartenenti a questo ordine. Eppure posseggono una grande cucina fresca, con il suo bel pavimento di cotto. In cortile si erge una meravigliosa pompa arrugginita. Lo è perché l'acqua non manca, lì sotto c'è il pozzo permanente. E allora quelle infiorescenze di ruggine, che ovunque sarebbero una sciatteria, sono altrettanti preziosi gioielli che incoronano la pompa a regina del deserto. Io arriverò là, busserò alla porta, tirerò la corda della campana agganciata in facciata apposta per i visitatori come me, e sarà una festa..."

"Te lo dico un'altra volta: imbecille. Quella che stai descrivendo è una villa in Provenza. Hai aggiunto a bella posta la campana per imbrogliare le carte, ma il resto è uguale."

"... una grande campana! Io tirerò la corda e il guardiano alzerà le braccia al cielo dicendo: 'Il Signore ha guidato i tuoi passi!'. Chiamerà a raccolta gli altri monaci, che accorreranno. Sarò trattato come un bambino povero e quindi per prima cosa mi sospingeranno fino alla cucina. Ma non senza aver fatto tappa alla meravigliosa pompa arrugginita del cortile. A quel punto tremerò di gioia."

Di nuovo il battibecco si interrompe. L'avversario che Tonio porta dentro di sé, infatti, non ha neppure bisogno di continuare a replicare. Basta l'intermittenza del miraggio. Che adesso, nonostante i passi compiuti per coglierlo, è sparito. Sulla collina, in lontananza, non c'è più nessuna croce.

Tonio ha bisogno di certezze. Non le cerca nell'orologio, che anzi ignora ostentatamente, perché non gli sveli quante ore ha già sprecato oggi. Piuttosto stringe tra le mani la bussola. Quella sì che è dalla sua parte e dice la verità. A garantirlo è il fatto che viene dal mondo di prima, che ora sembra lontano nel tempo come gli uccelli che cantavano nella foresta antidiluviana. Serra i denti, mentre la consulta. Il silenzio attorno a lui è assoluto, eppure lo sente fremere da qualche parte. Un silenzio gigantesco. E se si dirigesse verso nord? Avrebbe senso. È pur sempre la direzione del mare. Così riparte, ci sarà da superare quell'altura, ma che importa? Occorre farlo, anzi avrebbe dovuto decidersi già prima. Arranca, ansima, ma non si ferma. Procede a fatica, perché ora i passi sono tornati ad affondare più ancora di quando seguiva le tracce della volpe. Tuttavia non c'è motivo di fermarsi. Anzi, la fatica che tenta di sbarrargli il passo lo conferma nella bontà della scelta. Se fosse facile, non servirebbe a niente.

Ecco, ora Tonio c'è quasi. Tra un attimo sarà giunto sulla cresta e potrà guardare oltre. Vedere se il paesaggio muta, e come. Ma... accade un'altra volta. Dal filo dell'orizzonte si leva quella che sembra una grande, splendida città.

"Sai che è un miraggio" dice l'avversario dentro la sua testa. Il tono non è di compiacimento, anzi è amareggiato, perché lui non è davvero un avversario, è una parte di Tonio che affronta le cose in maniera diversa. Ma sempre con lo stesso intento, che è quello di fare il meglio. Quanto a salvarsi, non c'è neppure da prenderlo in considerazione. Fare il meglio, però, bisogna.

"Lo so bene anch'io che è un miraggio" risponde il Tonio visionario. "E non mi lascio più ingannare. Ma se lo desidero, se desidero buttarmi in avanti verso un miraggio, chi me lo può impedire? Vuoi levarmi anche la speranza? Se quella per me è una città tutta merli illuminati dal sole, è forse un problema? Se sono felice, la fatica se ne va, se il mio cammino si fa retto e i passi diventano agili... Oppure tu sei del partito di Prévot e della sua rivoltella? Ma non farmi ridere. Preferisco morire di sete ubriaco di speranza, che farla finita con un colpo."

Cammina, Tonio, cammina. Spossessato. Sprofondato in un sogno a occhi aperti in cui per larghi tratti si dimentica che sta sognando. Passa così il tempo che ancora deve passare e arriva, chissà come, invitato chissà da chi, il crepuscolo. Il pilota si ferma di botto, rinsavisce per quel che c'è da rinsavire, e cioè si sente spaurito per la gran distanza che ha messo tra sé e il Simoun. Ha camminato svagatamente, oggi, senza vera convinzione, perché s'è fatto prendere la mano dai miraggi. Ora che però il giallo cede all'arancione, non c'è più da temerli (o da desiderarli). L'orizzonte s'è svestito della sua pompa, dei suoi palazzi, dei paramenti sacerdotali. È una linea, come sempre nel deserto.

"Adesso scenderà la notte" commenta l'avversario. "Sarai costretto a scavarti una buca e a ficcartici dentro per non morire di freddo. Poi domani le tracce saranno cancellate e ti sarà impossibile tornare indietro. Bell'affare hai fatto, a inseguire visioni."

"Se la pensi così, allora tanto vale procedere in linea retta. Che guadagno ci sarebbe, a fare dietrofront e a perdersi? Anzi, la situazione è ottima: il crepuscolo spazza via i miraggi e offre ragionevoli consigli. Non sto forse andando verso il mare? Allora è assurdo rinunciare proprio ora che sono quasi arrivato. Tra non molto lo avvisterò, spalancherò le braccia per accoglierlo, sarà bellissimo."

"Ma dove lo vedi, il mare? Non lo raggiungerai certo con una passeggiata serale. Se va bene, mancheranno trecento chilometri. E mentre tu avanzi inutilmente, forse una carovana ha trovato Prévot e gli ha prestato soccorso."

"Allora torniamo indietro, ma prima lasciami..."

Tonio si mette a gridare: «Ehi!».

Ha le labbra che si spaccano, ma vuole fare quest'ultimo tentativo.

I miraggi sono cessati.

Se per caso qualcuno gli risponde, sarà vero come è vero lui.

«Ehi!» si sgola. «Uomini!»

La voce si sfrangia, è già a corto di fiato.

Aveva senso provare, non ha senso insistere. Ora sì, guarda l'orologio. Poi si gira, riprende il cammino.

Lo stupido errare dell'andata dà frutto almeno al

ritorno: la strada percorsa non è poi così tanta. Bastano due ore per rientrare, mentre la luce da arancione si fa rossastra e poi violacea. Quindi dilaga una penombra alla quale Tonio tenta di resistere. Ha con sé una delle lampade, ma non vuole sprecarne la luce. E in effetti ce la fa, o meglio: l'ha accesa da non molto, quando può tornare a spegnerla e a orientarsi con le fiamme del fuoco acceso da Prévot forse per scaldarsi, forse per richiamarlo, forse per mandare un segnale al cielo.

Il pilota accelera il passo. Percorre cinquecento metri. Poi gliene toccano altri cinquecento. Cinquecento ancora e... si ferma, stupefatto. La gioia gli inonda il cuore, deve cercare di trattenerla perché non straripi. L'impeto potrebbe fargli male. Eppure Prévot, rischiarato dal fuoco, è seduto di fronte a due arabi e conversa con loro, che stanno con la schiena contro il motore del Simoun. Ancora non l'hanno visto. Per forza, lui è nel buio... E poi chissà cosa prova il meccanico in questo momento, con il cuore conteso tra la salvezza ormai certa e la paura che lui non faccia più ritorno. Dev'essere dilaniato, mentre si sforza di mantenere un'apparenza serena, povero Prévot. Se Tonio avesse atteso con lui... Ma ora non importa più.

«Ehi!» dice una volta ancora, l'ennesima di questa giornata, ma con la voce carica di felicità.

I beduini sussultano, sollevano lo sguardo nella sua direzione. Prévot si alza in piedi, lui solo, e avanza verso Tonio. Che spalanca le braccia al meccanico. Quello lo agguanta al volo, lo stringe come se stesse per crollare a terra. Il rischio era reale? Chi lo sa, ma ora non ha importanza.

«Finalmente ci siamo!»

«Ci siamo?»

«Massì, gli arabi!»

«Quali arabi?»

«Quegli arabi là, seduti contro il motore...»

Prévot guarda con pena il compagno. Poi, come dovendo rivelare a malincuore un segreto, dice: «Non c'è nessun arabo».

A Tonio viene da piangere e questa volta non si trattiene. Ma gli occhi, saggi, si limitano a inumidirsi.

Prévot lo abbraccia, lo tiene stretto a sé.

13

Il primo pensiero ragionevole della serata arriva dopo una mezzora in cui pilota e meccanico si scambiano meno parole delle dita che hanno nelle mani. D'altro canto raccontare sarebbe una pena per il cuore e una dissipazione di risorse.

A un certo punto, però, Tonio dice: «Prévot, tagliamo a triangoli un paracadute. Li fisseremo a terra con delle pietre. Se il vento non gira, domattina raccoglieremo tutta la rugiada di cui abbiamo bisogno. Ci riempiremo una tanica, a strizzarli».

«Buona idea.»

Il meccanico entra nell'abitacolo, afferra uno dei paracadute e un coltello. Passa quest'ultimo a Tonio, mentre lui comincia a estrarre il telo dallo zaino bombato. Sembra il guscio di una tartaruga: lo si fissa al tronco con il cinturone, mentre per ancorarlo alle spalle basta una stretta bretella di traverso al petto.

Anche questo telo sarà stato cucito da una sarta come Renée. Sotto padrone, in fila con altre sarte.

Ma non c'è da pensarci. Prévot solleva un lembo davanti a sé e lo tende, in modo che sia facile per la lama tagliare con precisione. Tonio scuote la testa, sorride: «Quanto ci costa, questa colazione nel deserto...». Un paracadute, infatti, ci vogliono più di seimila franchi per comprarlo. Ma adesso non importa. Il pilota si mette al lavoro.

Più tardi, quando hanno finito, come per magia Prévot tira fuori un'arancia.

«Oggi, mentre vi attendevo, ho fatto un po' di inventario. C'era anche questa. L'ho tenuta per il vostro ritorno.»

Sono seduti, loro sì, con la schiena contro il motore. Tonio non può impedirsi di accarezzare il volto del meccanico.

«Grazie» dice prendendo la propria metà. «Vi spiace se mi stendo?»

«Al contrario. Lo faccio anch'io.»

Ora guardano le stelle affiancati, ognuno con metà arancia in mano. Lì a due passi le braci diffondono calore e bagliori. Servirebbero litri e litri d'acqua, non mezzo frutto, eppure averlo è già un miracolo.

"Gli uomini non sanno cos'è un'arancia" pensa Tonio. Finalmente c'è una voce soltanto, nella sua testa. "Certo, noi siamo condannati, ne ho la certezza, eppure com'è buona... Il dover morire non mi priva del piacere. Sono state poche, nella mia vita, le gioie grandi e certe come questa."

In cielo una stella si mette a correre, una seconda la insegue. Nel deserto le stelle cadono d'inverno? Cadono tutto l'anno?

Per un momento Tonio è intensamente felice. Ora capisce la sigaretta chiesta dal condannato appena prima che venga eseguita la sentenza, o il bicchiere di rum. Li ha sempre considerati un'elemosina, troppo poco per un uomo che deve morire. Mentre finalmente gli è tutto chiaro. Si crede, quando il condannato a morte sorride, che egli sia coraggioso. Non è così. Sorride perché gli piace fumare la sua sigaretta, sorseggiare il suo rum. La morte non è ancora arrivata. E vivere da uomo vuol dire sapere che esistono i piaceri.

Poi è un'altra volta ora di dormire. Seduto al posto di comando, esausto, Tonio guarda fuori dal finestrino. La luce delle stelle permette di distinguere i triangoli bianchi di tela che hanno ricavato dal paracadute. Forse è il desiderio che l'indomani siano coperti di rugiada a trasfigurarli, ma mentre le palpebre si abbassano e l'uomo passa dalla veglia al sonno, l'ultimo pensiero è che potrebbero essere laghi, laghi ghiacciati.

Ecco, ora è di nuovo una domenica del gennaio 1917, in bilico tra la fine delle vacanze natalizie e la ripresa delle lezioni. La superficie ghiacciata è quella del fiume Sarina, ai piedi di Villa Saint-Jean.

«Guardate qua!» urla Charles e subito si produce in una piroetta, facendo perno sul pattino destro. Poi torna in equilibrio, spalanca le braccia: «Avete le mani troppo congelate, per applaudire?».

Simone – o meglio Monot, come viene chiamata – ha legato con tutti gli amici lionesi che Tonio e François hanno qui, ma nei confronti di Charles nutre una predilezione speciale. E così, almeno lei, le mani le batte. Dice: «Bravo!».

«Ehi, Tonio! Meno male che c'è tua sorella. Fosse per voi...»

«Ma sentilo...» dice Marc. «Vediamo un po' se sei capace di farla anche così, piuttosto.»

Si allontana con decisione dal gruppo di amici che pattinano chiacchierando. Ci mette poco a prendere velocità, poi compie un'ampia virata perché possano vederlo bene mentre stacca da terra, fa a sua volta una piroetta e riesce ad atterrare sulle lame senza cadere.

«Bravissimo!» applaude la ragazza, ora al colmo dell'entusiasmo. In questi giorni è più allegra del solito. Naturalmente è stata benissimo anche quando erano nel grande albergo di Divonne-les-Bains dove i Saint-Exupéry hanno festeggiato il Natale, ma aver strappato a mamma il permesso di fermarsi qualche giorno a Friburgo con Tonio, François e i loro amici... è impagabile! E d'altra parte era naturale che andasse così. Marie-Madeleine, la cara Biche, è troppo seria per una cosa del genere, e poi è la più grande: deve stare accanto a Marie e aiutarla. Gabrielle, la piccola Didi, invece è... be', è la piccola Didi. Con i piccoli non ci si riesce a divertire, si sa. Quindi era giusto che rientrasse a Saint-Maurice con mamma e con Biche.

«Se è tutto qua...» dice Charles, discostandosi a sua volta dal gruppetto per prendere velocità. Ecco che anche lui, quand'è il momento, cambia traiettoria ed esegue un'ampia curva perfettamente disegnata sul ghiaccio. Stacco, salto, piroetta. Tutto bene. Atterraggio. Tutto bene. Piega le ginocchia per attutire il colpo e riconquistare in via definitiva l'equilibrio. Tutto bene anche qui, almeno finché non alza la testa e non rivolge uno sguardo trionfante dapprima a Marc e poi al gruppetto. La superficie del lago è imperfetta, ci sarà un grumo di neve ghiacciata o qualcosa del genere a cozzare contro la lama del pattino, chi lo sa. Charles sente solo che una gamba non lo segue più. Le braccia d'istinto scattano in avanti, un attimo dopo ecco l'impatto dei palmi con il ghiaccio. È steso. E adesso sì, davvero, tutti applaudono: Marc, in piedi vicino alla sponda opposta; Tonio, Monot e Louis alle sue spalle.

«Sì, in effetti è tutto qua. Però bisogna saperlo fare» ridacchia Marc.

Charles cerca di sollevarsi almeno a carponi: «Dammi una mano, scemo».

«Devo? È così bello vederti annaspare...» ribatte l'amico, ma intanto si sta già avvicinando.

«Grazie» dice Charles da terra, allungando la mano. Marc si accovaccia, gliele prende tutte e due, fa per rialzarsi e tirarlo su con sé. Quello però da uno strattone, urla: «Scherzetto!».

Ora sono entrambi proni sul ghiaccio.

«Sei veramente un bambino.»

«Bisogna saperlo fare...» ridacchia questa volta Charles.

«Ehi, voi. Avete finito?» chiede Louis avviandosi nella loro direzione.

Monot e Tonio sono rimasti un passo indietro. La

ragazza chiede al fratello: «Ma perché non è venuto, François? Cos'ha ancora da studiare?».

Tonio si stringe nelle spalle, curvandosi un po' in avanti: «Lo sa solo lui. È il secondo della sua classe in francese, il terzo in algebra e va bene in tutte le altre materie».

A messa e a pranzo il fratello è rimasto con loro. Poi, quando Marc ha proposto di andare a pattinare sulla Sarina, si è congedato per raggiungere il padiglione che ospita le aule e la biblioteca. Anche a Divonne-les-Bains trovava sempre modo, prima di sera, di ricavare un paio d'ore per studiare. Quando facevano le loro lunghe passeggiate verso la dogana al confine con la Svizzera, a un certo punto tornava addirittura indietro da solo, per riposarsi e poi rituffarsi sui libri. A Monot viene il dubbio che non abbia neppure mai visto il cartello con scritto ZOLL che li divertiva tanto. Facevano finta che fosse un errore: avrebbe dovuto esserci scritto *zolie*, perché quella era la loro *zolie douane suisse*, la loro simpatica dogana svizzera.

Ora Louis è riuscito a far rialzare Marc e lo invita a dargli una mano con Charles. Naturalmente quello si mostra riluttante, ma è solo il gioco delle parti. In un baleno anche Charles è di nuovo in piedi.

«Senti un po'» dice Monot a Tonio, «andiamo a prenderlo.»

«Non ci riusciremo.»

«Soprattutto se non ci proviamo. Dai.»

Come sempre, quando le viene un'idea la ragazza subito se ne entusiasma. È per questo che è difficile dirle di no: non tanto perché voglia imporsi, ma perché fa male al cuore il pensiero di spegnere il suo bel sorriso.

«Ehi!» urla già agli altri, come se fosse difficile sentirla. «Aspettateci qui. Noi andiamo a prendere François.»

«Va bene» accorda Louis. «Non metteteci una vita, però.»

«Promesso!» è il grido di battaglia di Monot. Che poi si gira, prende a braccetto Tonio e lo porta con sé verso il punto in cui si trovano le loro scarpe. I pattini li lasciano lì, tanto torneranno a indossarli tra poco.

Poi cominciano a risalire tra gli alberi: Villa Saint-Jean è collocata sul ciglio di un piccolo strapiombo, in fondo al quale sta la Sarina. Per tornare su c'è un sentiero tra i tronchi che procede di costa, ma è comunque molto ripido. Con la neve si avanza a fatica. Fa strada Tonio, aggrappandosi ai rami spogli e gelidi degli alberi, e nei passaggi più difficili si volta a dare una mano a Monot. Alto e dinoccolato com'è, ora più che un ragno o un gufo sembra una specie di grande giraffa capitata nel posto sbagliato. Per fortuna Monot è in gamba, non sono poi tante le volte che le serve davvero aiuto.

Finalmente sono in piano. Si danno una scrollata, sbattono le mani per staccare dai guanti pezzetti di neve e di ghiaccio.

«Per di qua» dice Tonio.

Svoltano a sinistra, percorrono un vialetto che costeggia il retro di uno dei padiglioni, poi svoltano a destra. Il viale che si apre di fronte a loro è più ampio. Quando sono in prossimità del padiglione giusto, incrociano alcuni studenti che si stanno allontanando da lì. Tonio li saluta, chiede notizie di François. Gli dicono che si è sistemato in un'aula anziché in biblioteca, per stare tranquillo. Uno sa di quale si tratta: alza il braccio, indica una certa finestra, lo riabbassa. Tonio e Monot ringraziano. Non appena si sono congedati, la ragazza si mette a correre.

«Aspettami!» implora Tonio alla sua nuca, un attimo prima di arrendersi e di cominciare a correre anche lui.

Ecco, ora sono di fronte all'edificio.

«François!» urla Monot con le mani attorno alla bocca. «François, siamo noi, scendi!»

Non succede niente.

«François!» adesso al grido di Monot si aggiunge quello di Tonio.

Finalmente compare una sagoma, al di là del vetro. È quella del fratello. Che sbuffa, sorride e fa segno di no con la testa.

«Ma dai, François!» insiste Monot sbracciandosi. «Ci stiamo divertendo! Non puoi sempre studiare!»

Quello solleva la mano destra chiusa a pugno, stende l'indice, lo fa ondeggiare per ribadire il rifiuto.

«Te l'avevo detto. Non vuole.»

«Quando eravamo piccoli ti seguiva dappertutto, voleva sempre fare quello che facevi tu.»

«Anche adesso, se gli interessa. Si vede che pattinare proprio non gli va.»

«Io però riparto già domani.»

François, che è rimasto in piedi, guarda confabulare i fratelli senza poterli sentire. Quindi, dal momento che un no è un no, prima di tornare a sedere tira la pesante tenda che trasforma la finestra in un occhio cieco.

«Se proprio ci tieni, bisogna che andiamo a stanarlo.»

«Aspetta, ho un'idea» dice Monot trattenendo per il braccio Tonio, che si stava avviando verso il portone. Oltre il viale su cui si trovano c'è un prato in cui la neve è ancora tanta. La ragazza fa due passi, si china, ne raccoglie abbastanza per fare una palla. Quando è compatta, sentenzia: «Non gli faremo il favore di andare a trattare. Questa, ora, è una guerra».

Poi il colpo parte. Ma finisce contro il muro, al di sotto della finestra.

«Mancata. Bisogna riprovare.» Monot si accovaccia. Ma anche il secondo lancio non va a buon fine: un po' esplode, un po' resta appiccicato in facciata. «Mi dai una mano o no?»

Tonio si china in avanti a sua volta. Quando ha la palla tra le mani, si ferma un attimo a soppesarla. Stringe gli occhi a fessura, si concentra. Il suo colpo non è teso come quello della sorella, ma segue una traiettoria curva. E raggiunge il bersaglio.

Subito recupera dell'altra neve, fa partire un secondo colpo ugualmente efficace, poi un terzo. A questo punto François ricompare da dietro la tenda. Fa di più: spalanca i vetri, si affaccia.

«Voi siete matti! E se rompete qualcosa?»

«Ti abbiamo dichiarato guerra. È normale che qualcosa possa rompersi» spiega Monot.

«Non dire stupidaggini. La guerra è una cosa seria e molto brutta.»

«Allora è meglio se ti arrendi» dice ancora la ragazza.

«Tu stai dalla sua parte?» chiede François a Tonio.

«Sono stato arruolato mio malgrado. Ma ora servo fedelmente la patria» risponde quello, facendo saltellare tra le mani l'ultima munizione, che ha fatto in tempo a preparare ma non a tirare.

«Bella roba» scuote la testa François. «Comunque, io alla guerra non ci gioco.»

Ciò che accade in seguito è questione di battiti di ciglia. Un battito di ciglia François che stende le braccia per chiudere i vetri. Un altro battito Tonio che solleva il proprio, di braccio, portando la palla di neve sopra la testa. Un terzo i vetri che iniziano lentamente a girare sui cardini mentre la palla percorre in fretta la sua traiettoria. E alla fine, giusto un attimo prima che la finestra sia chiusa, è un battito di ciglia anche il fatto che il proiettile la attraversi. Passando una spanna sopra la testa di François, senza colpirlo, e finendo da qualche parte nell'aula alle sue spalle, dove gli sguardi di Tonio e Monot non arrivano.

François, che pure dev'essere sorpreso, non lo dà a vedere. È più gelido della neve entrata nell'aula, più gelido dell'aria di gennaio a Friburgo. Si blocca per un attimo, certo. Poi dice soltanto: «No» a bassa voce, completa il gesto e tira la tenda un'altra volta.

«Mi sa che lo abbiamo fatto arrabbiare» dice Monot.

«Già» conferma laconico Tonio. Proprio lui che quando apre bocca di solito usa tre parole dove gli altri si accontenterebbero di mezza.

«Cosa facciamo?»

«E cosa vuoi fare? Lasciamolo tranquillo. Poi stasera ne parliamo.»

«François!» urla invece lei, che è sempre l'ultima ad arrendersi. La voce tuttavia non è squillante come prima, sembra quasi che lo faccia per dovere, perché il mondo intero si attende la sua ostinazione. Infatti smette subito. Poi, poco più che bisbigliando: «Mi dispiace, però. È tanto bello pattinare».

«Dispiace anche a me. Ma è andata così.»

Fanno appena in tempo ad avviarsi per tornare là da dove sono venuti, che una palla di neve colpisce Tonio in piena schiena. Il ragazzo si gira, ed eccone una seconda che lo manca di poco. «Ma cos...» Adesso anche Monot s'è voltata. Impietriti, sono un bersaglio fin troppo facile per François, che è sbucato da dietro il padiglione: dev'essere sgattaiolato fuori da una finestra del piano terra, per non farsi vedere. Subito arrivano in batteria altre tre palle, prima che possano reagire. Una colpisce Monot, una Tonio e l'ultima va a vuoto.

«Vittoria!» urla felice François, sollevando le braccia. Ed ecco una delle sue meravigliose risate cristalline.

«Ti illudi» reagisce Monot. «Siamo solo all'inizio.»

Subito tutti e tre si rannicchiano a terra, affondano le dita nella neve. Il più svelto a rialzarsi è François, che ha fatto soltanto un paio di palle e le tira alla bell'e meglio prima di mettersi a correre. È in minoranza, deve giocare d'astuzia, anche contro l'orgoglio ferito dei fratelli. Che infatti, quando iniziano a lanciare, fanno volare nella sua direzione una vera e propria raffica. Lui però è già lontano, tra un attimo sarà scomparso dietro l'angolo da cui è sbucato.

Tonio e Monot partono all'inseguimento, ma rallentano immediatamente. Preparano altre palle prima di raggiungerlo: François sarà in agguato sul retro del padiglione. Previsione che tuttavia si rivela errata. Il fratello sembra scomparso. Forse sta girando in tondo attorno all'edificio? Decidono di dividersi: Tonio proseguirà lungo il muro perimetrale, Monot tornerà indietro. Devono per forza acciuffarlo, in questo modo.

Quando al termine della perlustrazione i due alleati si incontrano di fronte all'ingresso, ad attenderli c'è una nuova sorpresa: François è riuscito chissà come a rientrare, portando con sé alcune munizioni. Li colpisce dall'alto ridendo.

«E questa, non la vogliamo chiamare vittoria? Due contro uno, ma finora non mi avete colpito neanche di striscio!»

«Vieni subito fuori, vigliacco!» ride Monot. «Altrimenti saliamo noi.»

«Accomodatevi. Qui dentro è un labirinto, Tonio lo sa. Vi ci vorrà tanto di quel tempo, per trovarmi, che come minimo saltate la cena. E magari riesco anche a farti perdere il treno di domani.»

«Allora lo sai, che è il mio ultimo giorno qui.»

«Certo. Infatti poi potrò finalmente pattinare anch'io tranquillo» dice quello sornione, per farla arrabbiare.

«Vuoi proprio essere stanato, eh?» chiede Tonio. «Vediamo se riusciamo a rompere un vetro.»

«Non provarci. È già un miracolo se non è successo prima.»

«E allora esci.»

«Per continuare a dimostrarvi che sono più sveglio di voi? Ci tenete così tanto?»

«Smettila di fare il furbo ed esci.»

«Disarmato?»

«Noi ce ne stiamo fermi qui, mentre Tonio conterà ad alta voce fino a venti. È la tregua su cui potrai contare per venire fuori e sceglierti una posizione. Dopodiché, ognuno per sé» sono le condizioni dettate da Monot. E da quel momento, in effetti, è così. Ognuno per sé. Comincia un tutti contro tutti fatto di inseguimenti, nascondigli che subito vengono scoperti, palle che percorrono lunghe traiettorie e altre che colpiscono a tradimento da due passi. Si creano geometrie variabili, alleanze che subito si sfaldano, fronti comuni su cui non si può fare affidamento in alcun modo. I tre fratelli sbandano di continuo tra i dintorni del padiglione, il viale e il prato adiacente. Ogni tanto qualcuno si affaccia da una finestra del dormitorio a fianco e si ferma a guardarli, prima di tornare a fare le proprie cose. I Saint-Exupéry rallentano il ritmo solo quando sul viale fanno la loro comparsa due dei padri della congrega che regge l'istituto: salutano completamente sudati e i religiosi ricambiano con benevolenza, prima di procedere oltre. Sono stati giovani anche loro, non c'è niente di male in quel gioco, ci mancherebbe.

Potrebbero andare avanti all'infinito, se non fosse che a un certo momento dal viale sbucano Charles, Marc e Louis. Hanno tra le mani i pattini di Tonio e di Monot.

«Meno male che dovevate metterci poco» dice Louis.

«Vuoi una palla di neve in testa?» chiede la ragazza provocatoria.

«Direi di no. Veniamo in pace. E poi ormai è tardi.»

«Vedi?» dice Monot rivolta a François. «Lui è ragionevole. Se anche tu ti fossi arreso quand'era il momento, ce ne saremmo andati a pattinare tutti insieme.»

Il fratello apre la bocca per rispondere, ma non ce la fa: piuttosto gli viene da tossire.

«Cos'hai?» Monot è allarmata, subito gli va vicino. Anche Tonio e gli altri, dopo un attimo, fanno capannello attorno ai due. François scuote la testa vigorosamente, mentre continua a tossire.

«Ma avete fatto a palle di neve così?» chiede Charles indicandolo. È come una rivelazione, per i Saint-Exupéry. Sembrano rendersi conto soltanto ora del fatto che il fratello non indossa il cappotto. Non porta neppure la sciarpa o i guanti. Il clima era clemente, nei giorni di Divonne-les-Bains, ma ora le temperature si sono decisamente abbassate.

«Perché non ti sei vestito?»

La domanda di Monot giunge proprio quando, per fortuna, l'accesso di tosse sembra affievolirsi. François si raddrizza, la guarda in faccia e con una certa spavalderia dichiara: «Be', perché non ho freddo».

«Non è possibile.»

«Non sono mica una femmina come te.»

«Sarebbe meglio che lo fossi, forse avresti più sale in zucca. E comunque, quella tosse?»

«M'è andata di traverso la saliva. Capita.»

Monot gli rivolgerebbe uno sguardo tutto severità, se non fosse in pensiero per lui. Mentre invece lo è. Del resto basta guardargli gli occhi lucidi, le guance rosse di capillari sfrangiati, le orecchie ancora più rosse e i capelli scompigliati, zuppi di sudore. Monot si sente in colpa. Come ha fatto a non rendersi conto che era vestito troppo poco? Lei è più grande di Tonio e François, e poi appunto è femmina. Pazienza che loro non capiscano, ma nel suo caso...

«Il cappotto ce l'hai dentro, sì?» chiede Louis. François annuisce. «Dai, recuperalo. Poi andiamo tutti insieme alla Sapinière, così puoi cambiarti.»

«Bonvie ha ragione» dice Tonio. «Su, sbrigati.»

Louis – rampollo dei conti Bonnevie de Poignat, amico d'infanzia ai tempi di Lione incontrato nuovamente a Villa Saint-Jean – ha un carattere riservato che gli conferisce autorevolezza. Quando parla, per quel poco che parla, viene ascoltato. Già l'anno precedente, quando Tonio si è slogato una caviglia durante una passeggiata, è stato lui a scegliere Charles perché lo aiutasse a portarlo fino al dormitorio. Gli si sono messi ai fianchi e Tonio ha potuto appoggiarsi e saltellare sul piede buono al ritmo dei loro passi.

«Lo vado a prendere perché lo dice Louis.» François

mette in chiaro le cose con il fratello. Il tono è quello spavaldo di prima. «Non perché abbia freddo.»

«Va bene, ma muoviti.»

Le giornate sono ancora corte. Il sole si abbassa già tra gli alberi scheletriti. Tonio si perde a fissare un barbaglio di luce che accende la neve al centro del prato dirimpetto al padiglione, dove nessuno è andato a sciuparla. È una luce dolce, pastosa.

Ed è una luce dolce, pastosa, anche quella della nuova aurora sul Sahara quando, quasi vent'anni dopo, Tonio si sveglia definitivamente al termine di una notte di dormiveglia in cui un po' ha sognato, un po' ha ricordato. Attraverso il vetro rivede i triangoli bianchi di paracadute. Pensa ancora a François, come gli accade in queste notti di deserto. Al suo ricovero in infermeria già il giorno dopo, a causa di quello che il dottore convocato a Villa Saint-Jean aveva definito un attacco reumatico. Rivede Monot piangere. Non voleva prendere il treno. Ce n'era voluta per convincerla, ma alla fine era partita.

Tra marzo e aprile era dilagata un'epidemia di scarlattina per cui i marianisti avevano deciso di interrompere le lezioni. François era contento: aveva già saltato molte ore, tra alti e bassi di salute, e così avrebbe avuto il tempo di riprendersi completamente senza perderne altre. A Pasqua, però, le sue condizioni non erano ancora migliorate.

VI

Parigi
mercoledì 1° gennaio 1936

14

«*Bonjour*» dice l'uomo fermatosi di fronte al bancone, nell'ampia hall del Pont Royal.

Di fronte a lui, al posto del *concierge*, c'è il custode notturno: il primo infatti ha prolungato il turno in occasione del Capodanno, il secondo invece di sostituirlo l'ha affiancato e ancora non ha potuto staccare.

«Oh, voi qui...» si lascia scappare il custode, senza neppure aver salutato. D'altra parte è stanco e sorpreso. Ma subito cerca di recuperare, aggiunge con slancio: «*Bonjour!*». Conosce quell'illustre signore che spesso occupa un tavolo nel bar del seminterrato. Ha il suo ufficio a cento metri: basta uscire dall'hotel, prendere a destra, camminare meno di un minuto e poi, quando la strada svolta leggermente e cambia nome, ecco, il palazzo è lì, non occorre neppure attraversare. Proprio per questo l'uomo – l'illustre signore – è così spesso da loro. Porta al tavolo con sé ospiti altrettanto illustri. Infine, visto che lo slancio non s'è ancora esaurito, il custode notturno va oltre e pecca di eccessiva confidenza: «Non avete festeggiato con noi». Il che purtroppo suona più come un rimprovero, che come un rammarico, e non dovrebbe.

L'uomo, splendidamente elegante nonostante sia ancora mattina presto e per di più sia la mattina del primo giorno dell'anno, scuote la testa. Commenta con una parola soltanto: «Infatti». Al contempo le sue guance un poco allungate vibrano sopra il farfallino, mentre gli spessi baveri della giacca restano immobili e così fa la stoffa del cappotto. Il custode notturno capisce solo ora d'essere stato scomposto: il *concierge* non l'avrebbe mai fatto, e men che meno uno dei fattorini che a turno gli prestano assistenza. Starebbe per parlare di nuovo, ma si morde il labbro in tempo. Per fortuna ricorda che certe macchie, se le strofini, invece che venire via si allargano.

«*Madame* de Saint-Exupéry è già scesa?» domanda l'illustre signore.

«No» risponde il custode. «Non ancora.»

Anche se la hall è tirata a lucido e nel salone da pranzo tutto risulta in ordine, nell'aria aleggia quell'atmosfera da festa finita, quel senso di guasto che generalmente lasciano in eredità le grandi baldorie. È come se la pesantezza di stomaco dell'aver molto bevuto, che si prova il giorno dopo al risveglio, si attaccasse alle cose, al silenzio degli ambienti dove fino a poche ore prima erano musica, chiacchiere, cozzare d'oggetti e sussulti. Esiste, all'ingresso del Pont

Royal, un termometro dell'accaduto: è il vaso d'alabastro con narcisi e foglie lanceolate sul tavolo del salottino. Basta guardare i petali sgualciti, per capire quanto anche i fiori siano stanchi.

«La attenderò» conclude lapidario l'illustre signore. Poi appoggia sul piano del bancone la carpetta di cuoio che fino a quel momento è rimasta salda tra le sue dita, si sfila il cappotto e lo consegna all'uomo perché lo appenda nel guardaroba. Quindi riprende la carpetta e, senza spendere altro fiato, si gira per andare a collocare il massiccio del suo corpo sul velluto di una delle poltrone. Da dove si trova, il custode ne vede bene le calze sottili sui polpacci non altrettanto sottili. Non sa perché, ma si ritrova ad ammirare la qualità del filato.

Basta poco perché l'illustre signore finisca per diventare a tutti gli effetti parte di quella hall altrimenti deserta e ci si possa dimenticare di lui. Quindi la scena si ripete. Stavolta di fronte al bancone si presenta un giovane uomo dal sorriso cordiale, che si allarga sotto occhiali dalle lenti a goccia, incastonate in una montatura di metallo chiara e sottile.

«*Bonjour.*»

«*Bonjour, monsieur.*»

«*Madame* de Saint-Exupéry è già scesa?»

Usa addirittura le stesse parole.

«No, mi spiace» risponde il custode notturno con il preciso intento di variare.

Ma il nuovo venuto non lo sa, di recitare un copione, quindi non può giocare a eluderlo. Dice anche lui: «La attenderò». Il suo tono, però, più che distaccato è afflitto. Infatti guarda in basso, si fruga addosso come cercando qualcosa, non lo trova. Consegna il giaccone e si dirige a sua volta al salottino. Là lo attende l'illustre ospite, che ha sentito tutto e ora si è alzato. Quando sono di fronte, prende per primo la parola: «*Bonjour*» dice tendendo la destra davanti a sé, mentre nella sinistra trattiene la carpetta di cuoio: «Gaston Gallimard».

Il giovane uomo gli stringe la mano e si affretta a rispondere: «*Bonjour*. Henry de Ségogne».

Eccoli, uno di fronte all'altro, il più importante editore di Francia, colui che ha reso Antoine de Saint-Exupéry uno scrittore celebre, e l'amico che gli è stato vicino nei momenti più duri, dopo che aveva lasciato Villa Saint-Jean per il Lycée Saint-Louis di Parigi.

«In realtà ci conosciamo» dice ancora Henry. «Tonio ci ha presentati. Ma a suo modo, in una di quelle serate alla Lipp in cui a tutti viene detto frettolosamente il nome di tutti, non si sa con chi si è seduti al tavolo, la gente va e viene mentre lui tiene banco...» La frase rimane in sospeso; le labbra hanno smesso di affannarsi in su e in giù per dare forma alle parole e ora se ne stanno atteggiate a un flebile sorriso. Il massimo a cui si possa aspirare, in una situazione come questa.

«Perdonatemi, se non vi ho riconosciuto» dice Gallimard. «Ma è come dite voi: in quelle occasioni vince la confusione.»

«Infatti» conferma Henry, che fa una piccola mossa con la mano schiaffeggiando l'aria dall'alto al basso, a dire che davvero non importa. Poi, senza perdere altro tempo, entra in argomento. Ognuno sa perché l'altro è lì. «Ne sarà al corrente?»

Gallimard scuote la testa: «Credo proprio di no. Sta ancora dormendo e noi qui siamo i primi. Immagino sia tranquilla. Anche il portiere» fa cenno con il mento in sua direzione, «evidentemente non sa nulla».

Poi solleva di fronte a sé la cartellina, la apre, estrae la copia di «Paris-Soir» che ha raggiunto le edicole prima dell'alba. Il titolo d'apertura è: *Dans l'attente anxieuse des nouvelles de Saint-Exupéry et Provost.* Sotto, il sommario: *Les deux aviateurs avaient quitté Benghazi, en Cyrénaïque, dimanche soir à 22 heures 30 pour Bassorah.* Ancora sotto, una foto del mattino in cui sono partiti: Tonio, chino in avanti, tiene le mani sulle spalle di Consuelo e la bacia mentre un addetto li osserva. Dietro di loro si intravvede il ventre di lamiera del Simoun. C'è del patetico, in una scelta del genere. Mentre c'è qualcosa di funereo – dovuto a come si incastrano le cose del mondo, non a come un direttore ha scelto di comporre la prima pagina del suo quotidiano – nel fatto che tra le notizie in evidenza oggi ci sia anche questa: *Lindbergh, sa femme et son fils sont arrivés à 11 heures a Liverpool.* Per un aviatore disperso, infatti, ce n'è un altro costretto a lasciare gli Stati Uniti e a rifugiarsi in Europa con la famiglia. Uno dei suoi bimbi è stato rapito e ritrovato morto, nonostante il pagamento del riscatto. Ora che il «processo del secolo» a Bruno Hauptmann, il presunto colpevole, è concluso, i Lindbergh non hanno più alcuna ragione che li trattenga in una casa dove sono stati felici e non lo sono più, tra strade in cui le persone continuano a fermarli alternando le condoglianze alla ferocia per «quel bastardo, che la merita». La sedia elettrica. Ma chissà se davvero è stato lui...

«Hanno sbagliato il cognome del povero Prévot» commenta Henry. Quindi domanda: «Voi siete un editore. Sapete dirmi com'è possibile che una notizia del genere arrivi alle prime pagine senza che la moglie ne sia a conoscenza?».

«Il titolo è grande, ma il pezzo dentro è di poche righe. Sarà stato dettato stanotte, quando il giornale stava ormai chiudendo. In casi come questi i corrispondenti esteri sono decisamente più solerti dei funzionari dell'Air France o del ministero. Se pure qualcuno s'è posto il problema, avrà deciso di rimandare la comunicazione a oggi. Quando naturalmente sarà tardi. In ogni caso» conclude Gallimard, «si parla del fatto che non si hanno notizie del Simoun, non che sia caduto. Anche di Japy si erano perse le tracce per due giorni, prima che risbucasse in India.»

«Già» dice Henry, che ora ha lo sguardo rivolto al soffitto. Dietro le lenti, gli occhi gli si sono fatti umidi e occorre impedire alle lacrime di scorrere. «Però c'è quel dispaccio dal Cairo, in cui si riferisce di un aereo che sarebbe precipitato a ovest di Alessandria...»

Le parole sono dirette all'aria, più che a Gallimard.

L'editore apre il giornale, cerca l'articolo. Legge: «Un dispaccio laconico, impreciso...».

Henry torna a guardarlo: «Lo sapete meglio di me, cos'è accaduto». Quello non controbatte, e allora lui lo incalza, come se gli anni in più e il fatto che sia così affermato nel proprio mestiere gli conferissero il carisma di scovare la verità in ogni frangente e di saperla dire. «Voglio solo sapere se è possibile che siano vivi.»

Non è però la verità, a ben vedere, che si chiede in casi come questo. Piuttosto che il conforto sappia somigliarle.

«Non c'è luogo migliore del Sahara per un atterraggio d'emergenza. Nessun edificio, niente alberi. È possibile far correre l'aereo come su una pista.» Gallimard dice così, quindi si zittisce, ci pensa un attimo e infine aggiunge: «E poi nel deserto il clima è buono, in questo periodo. Ci si riesce a stare».

Henry annuisce e decide di abbandonare l'argomento. Se ne parlassero ancora, sarebbero costretti a mettere in crisi quelle ragioni. A capire che esse hanno per padre l'affetto e per madre la speranza, ma che non si imparentano con la verità neppure per una stilla di sangue. «Quindi tocca a noi, informare Consuelo.»

«È così. D'altra parte siamo venuti apposta, no?»

I due sono soli. Dopo che Henry si è avviato al salottino, infatti, il custode notturno è scomparso sul retro. È stanco, non vede l'ora che il *concierge* abbia voglia di tornare al proprio posto.

«Sapete cos'ha fatto per me Tonio, il giorno che l'ho conosciuto?»

Gallimard scuote la testa.

«Al Saint-Louis ci si divideva in quattro gruppi. La rivalità era fortissima. Tonio e io facevamo parte dei *flottard*, perché poi avremmo voluto entrare all'Accademia navale, anche se in effetti nessuno dei due ce l'ha fatta.» Fa di nuovo il suo flebile sorriso, riprende: «I *taupin* erano quelli destinati al Politecnico e i *piston* a fare gli ingegneri, mentre i *cyrard* intendevano intraprendere la carriera militare. E così io, il giorno che misi piede per la prima volta al Saint-Louis, fui assalito proprio da un *cyrard*».

«Come, assalito?»

«Non so cosa dirvi. Avevo fatto giusto in tempo a entrare e a chiedere informazioni sull'aula dove si tenevano le lezioni di matematica. Fu quello, che mi tradì: per i *flottard* era la materia principale. Così mi trovai addosso quel *cyrard* che mi diceva che avrebbero fatto sputare sangue a me e a tutti quelli come me. Belle parole, eh? Ma furono le ultime che gli sentii pronunciare, prima che gli scappasse un grugnito di sorpresa: era arrivato Tonio, che già all'epoca era dieci centimetri più alto di chiunque, oltre che più robusto della media, a tirarlo via. Ricordo che trovai stranissimo il suo aspetto. Gli occhi mi sembravano ancora più a mandorla di quello che sono davvero e inoltre aveva quel suo naso puntato all'insù... Era un grande animale buono, un po' ragno e un po' gufo. Di lì siamo diventati amici.»

Adesso è Gallimard, che sorride: «Vi ha protetto».

«Esattamente.»

«A volte penso che Tonio non faccia altro che questo: offrire e chiedere protezione. È come se fosse allo stesso tempo il padre che ha perso troppo presto e il figlio che resterà per sempre.»

Il sorriso di Henry si rafforza: «Lo penso anch'io».

A partire da quando Gallimard si è alzato dalla poltrona per accogliere Henry, i due sono rimasti in piedi a parlare. Così li trova il giovane smilzo – avrà venticinque anni al massimo e non pesa quanto il cappotto stazzonato che indossa – che appena varcata la porta d'ingresso del Pont Royal ha puntato diritto a loro, invece che verso il bancone.

«Signori!» esclama interrompendoli. «Avete notizie di *madame* de Saint-Exupéry?»

«Non è ancora scesa» risponde Henry, reagendo più in fretta con le parole che non con il pensiero. Il quale si manifesta un attimo dopo, suggerendogli una domanda che dovrebbe essere superflua, in un mondo in cui si è sufficientemente educati da presentarsi. «Chi siete?»

Il giovane smilzo fa scattare la destra in avanti, atteggia le labbra a un sorriso fin troppo manifesto e dice: «Albert Le Tellier, per servirvi». Stringe la mano a Henry, poi passa subito a quella di Gallimard, che ha riconosciuto, perché aggiunge: «È un onore incontrare il più grande editore del nostro Paese».

«Formulerò meglio la mia domanda» dice ancora Henry. Com'è ovvio, lui non è stato riconosciuto, né desidera presentarsi a quell'Albert per il quale nutre un'istintiva antipatia. «Chi siete per *madame*? Perché la cercate?»

Il sorriso fin troppo manifesto non si spegne, mentre il giovane smilzo indica la copia di «Paris-Soir» che nel frattempo è finita sul tavolino, accanto al vaso in alabastro.

«Un giornalista, dunque» conclude Gallimard. Per contrasto, il suo volto appare ancora più austero del solito. Henry, in cuor suo, gli è grato.

«Lo sono.»

«*Madame* de Saint-Exupéry non è ancora a conoscenza di questo articolo. E in effetti» considera l'editore, «non è che dica poi molto. Semplicemente da un paio di giorni si sono interrotte le comunicazioni, così come è accaduto in precedenza a Japy, proprio nella stessa zona. Chissà che mentre siamo qui che ne parliamo, questi fogli non si debbano già usare per incartare le uova. Quante ore fa è andato in stampa il giornale? Il Simoun a questo punto avrà raggiunto uno scalo da cui presto avremo notizie.»

«Figurarsi se non è così!» dice con voce squillante il giovane smilzo.

«Quindi, mio buon amico, convenite con me che non c'è motivo di angosciare *madame*?»

Albert scuote la testa, riversando nel gesto la stessa energia entusiasta che lo anima da quando ha capito di essere il primo cronista ad aver messo piede al Pont Royal.

«*Monsieur* Gallimard, parola mia: non sono certo qui per spaventare *madame*. Piuttosto, mi farà piacere poter raccontare la sua gioia non appena verrà raggiunta dalle notizie che voi dite. Sarà senza dubbio lo stesso sentimento che proveranno i lettori: sapete meglio di me quanto Antoine de Saint-Exupéry sia amato.»

Henry non è in grado di rimanere compassato come l'editore. Adesso è lui, l'animale buono che deve difendere l'amico assente e sua moglie. Punta il dito contro il giornalista. La faccia gli è diventata come di pietra: «Forse qui non è il vostro posto. Fareste meglio ad andarvene».

«Perché mai?»

«Perché... Sentite, non è in momenti come questi che chi fa il vostro mestiere è gradito. Possiamo chiamarvi noi quando tutto sarà sistemato.»

«Signore» dice il giovane, adesso più serio, «sono perfettamente in grado di essere discreto. E se anche così non fosse, questo è un pubblico esercizio. Non potete cacciarmi.»

«Infatti non vi sto cacciando, sto solo...» Henry vorrebbe possedere la formula magica per farlo scomparire, ma dentro di sé non ne trova traccia, quindi ancora una volta cerca aiuto nell'autorevolezza di Gallimard. Sposta lo sguardo sull'editore, ma subito va oltre: alle spalle dell'uomo, proprio di fronte alla porta dell'ascensore, ecco che sono comparse Consuelo e la madre di Tonio.

«*Madame* de Saint-Exupéry e... *madame* de Saint-Exupéry!»

«Henry!» dice Consuelo. Quindi, indicando Gallimard: «Ma vi conoscete?».

Le parole sono volate a gran volume da una parte all'altra della hall del Pont Royal, che non è certo angusta. Ora le due *madame* de Saint-Exupéry – Consuelo davanti, Marie un passo indietro – la percorrono alla svelta, mentre anche Gallimard e Albert si sono girati nella loro direzione.

«Ci ha presentati Tonio da Lipp, qualche mese fa.»

«Bene, bene» dice Consuelo allegra. Fa una specie di inchino all'editore, che ricambia con un cenno del capo e si muove verso Marie per salutarla, subito imitato da Henry. Albert rimane in disparte, almeno fino a quando Consuelo non gli si rivolge esplicitamente: «Voi chi siete?».

«Albert Le Tellier, *madame*. Per servirvi.»

Si vede che è capace di presentarsi solo così, o forse ha deciso che è un modo elegante di fare, per cui insiste.

«È un vostro amico?» domanda ancora Consuelo a Henry. Poi, rivolta a Gallimard: «O forse un vostro autore?».

Entrambi scuotono la testa. Marie, che da quando li ha salutati non ha fatto praticamente altro se non sorridere, anche adesso rimane in silenzio, in attesa di come evolveranno le cose. E in silenzio se ne sta anche il custode notturno appena ricomparso dietro il bancone: dev'essere stato il trambusto, a convocarlo.

Consuelo ne approfitta. Senza muovere un passo, ma solo alzando la voce, di nuovo traversa la hall: «*Bonjour!* È arrivato un telegramma per me?».

La domanda non le vale particolari soddisfazioni. Il di più che l'uomo fa, rispetto un semplice gesto di diniego con il capo, è mormorare un «No» piccolo piccolo a fior di labbra. Consuelo serra i denti, non intende cedere allo sconforto.

«Cosa fate di bello, Albert?»

«Sono un giornalista.»

«È qui per me» interviene Gallimard prima che un'altra domanda o un'altra risposta risultino di troppo. «Sapete anche voi come sono fatti: è a conoscenza della mia abitudine di frequentare l'hotel e così, quando è passato in strada e mi ha visto attraverso il vetro, ha deciso di entrare per farmi qualche domanda. Pensavo che volesse notizie sui prossimi libri, il che mi ben disponeva, ma poi ha cominciato a fare un po' troppe domande in merito ai quattrini... Io però i conti della casa editrice li tengo per me, soprattutto se a impicciarsi è un cronista.»

«Dite bene» interviene per la prima volta Marie.

«E poi vedete, cosa accade quando ci sono in giro loro? Subito si perdono di vista le buone maniere. Possibile che dobbiamo parlare in piedi?»

Gallimard allarga il braccio a indicare le poltrone, ma il momentaneo conforto che Henry prova per il fatto che l'editore ha preso in mano la situazione dopo quel gesto svanisce.

«Cos'è?» chiede allarmata Consuelo. Con il dito indica la sua stessa nuca che compare nella fotografia sulla prima pagina di «Paris-Soir», lì sul tavolino.

«Come vi dicevo, i giornalisti sono una razza... Anche quando non hanno da scrivere niente, devono riempire lo spazio, se no la gente non compra e loro non arrivano a fine mese.» Dice così, Gallimard, anche lui rivolto alla nuca di Consuelo: quella vera, che si è chinata ad afferrare «Paris-Soir», non quella in bianco e nero sulla prima pagina.

«*Maman!* Oh, *maman*...»

La giovane donna si accascia sulla poltrona più vicina; Marie si piega su di lei per prenderle la mano, la abbraccia, dice: «Figlia mia».

«*Maman*... Tonio è disperso. È questa, la verità.»

«Non dite così» interviene Henry, «non dite così, perché non lo dice neppure l'articolo. Ricorda invece che anche di Japy non si è saputo niente per due giorni. Anzi tre, se non mi sbaglio. Credo proprio ci sia un errore. Del resto non è un mistero, come lavorano questi altri.» Sta mentendo, perché sa bene che i giorni sono stati due soltanto, ma è giusto così. Mentre diceva «questi altri» ha alzato il mento per indicare l'incolpevole Albert e ora, come una furia, gli si fa contro: aggira il salottino e lasciandosi alle spalle il gruppo costituito dalle due donne e da Gallimard, che a sua volta s'è chinato a consolarle. «Si può sapere cosa stai facendo?» chiede dando del tu al giovane smilzo, dimentico della distanza imposta dalle buone maniere.

«Signore, io...»

Il giornalista ha avuto l'impudenza di cavare fuori dalla tasca un quadernetto e mettersi a prendere appunti, per comporre un bel bozzetto impressionistico che l'indomani i suoi lettori troveranno stampato. Henry glielo strappa di mano.

«Fuori di qui!»

È come se le stanghette degli occhiali gli si tendessero in faccia, se le lenti allungate si allungassero ancora di più.

«Voi non potete...»

Henry lascia cadere il quadernetto a terra, poi alza le mani e le appoggia lentamente sulle spalle di Albert. Adesso sembra calmo, dice compassato: «È il momento di andarsene». Quello lo guarda. Henry fa scivolare le mani dalle spalle ai pettorali del giovane, che in effetti è davvero un'acciuga, sotto quel cappotto stazzonato che ancora indossa. Lo si capisce perché quando infine riceve lo spintone che l'amico di Tonio gli riserva, vola all'indietro senza opporre resistenza. Mentre cade a terra, il ciuffo di capelli che porta di traverso sulla fronte si libera in aria e sbatacchia come una vela.

«Carogna!» dice il giornalista.

«Carogna tu!» ringhia Henry sovrastandolo.

Le Tellier si rialza. Stanno per azzuffarsi. Ma tra loro si intromette il custode notturno, che abbraccia e porta via il cronista. Dall'altra parte invece c'è Gallimard, che trattiene per un polso Henry. Gli dice: «Ve ne prego, non è il caso». Poi, rivolto al giovane: «Sono un editore e potete credermi, se vi dico che capisco la vostra frustrazione. Ma non sempre è il caso di insistere cercando una storia, soprattutto dove non c'è. Mentre, come vedete, ci sono delle persone preoccupate. Credetemi, questo conta più di qualsiasi presunta notizia. Per cui vi prego di congedarvi».

Il custode molla la presa. Il giornalista si sistema camicia e giacca, si liscia il cappotto. Poi dice: «Andrò, *monsieur* Gallimard, per il rispetto che nutro nei vostri confronti». Rivolge un cenno di ossequioso saluto a Consuelo e a Marie, uno sguardo duro a Henry. Quindi si volta, raggiunge la porta, la infila ed esce in strada. Ora è già un po' meno giovane di quando l'ha attraversata in senso inverso.

Come è comparso a margine del gruppo, il custode notturno si dilegua.

Anche perché al bancone c'è una coppia di ospiti appena scesi dalla camera che li osserva.

15

Consuelo, Marie, Henry e Gallimard sono seduti attorno ai petali esausti dei narcisi e alle pagine sgualcite di «Paris-Soir» come attorno a un falò. Ma naturalmente il crepitio allegro del legno che si consuma, la resina che sfrigola dopo che le spaccature l'hanno fatta stillare e le scintille che guizzano verso l'alto prima di spegnersi nel buio si possono solo immaginare: sarebbe così bello, essere in campagna spensierati, ora... I pochi rumori che si avvertono vengono dalla strada, che inizia ad animarsi. Ieri notte i parigini sono andati a letto tardi e soltanto ora tornano alle loro faccende. Anche attorno ai quattro, che parlottano a bassa voce, hanno iniziato a sfilare uno dopo l'altro i pochi ospiti dell'hotel che intendono fare colazione.

Consuelo ha gli occhi lucidi, guarda in basso, scuote la testa. Non riesce a consolarla neppure Marie, la cui capacità di fare da argine alla disperazione – altrui e propria – è ammirevole. Alternandosi, Gallimard ed

Henry ripetono sempre le stesse due cose, che non sono poi nulla di diverso da quello che si può desumere da «Paris-Soir»: si parla di comunicazione interrotta, ma si ricorda al contempo che è esattamente la stessa cosa accaduta a Japy; è vero che esiste un dispaccio diramato dal Cairo riguardo un presunto aereo precipitato nel deserto, ma è vero anche che esso è «laconico e impreciso» tanto che non si conosce neppure la nazionalità del velivolo. Tutto qui. Compito dei due uomini, cui a tratti si sovrappone Marie come se quello di cui si parla non fosse suo figlio, è di variare le parole, modificarne l'ordine, fingere che si aggiungano nuovi anelli alla catena del ragionamento, di modo che tutto quanto sembri più vero.

Le ripetizioni si interrompono all'arrivo di Madeleine, che si affretta ad abbracciare dapprima Consuelo, poi Marie. Henry la conosce già, Gallimard le viene presentato: entrambi si alzano per cederle il posto, e anche dopo che la donna si è accomodata rimangono in piedi perché nessuno dei due faccia torto all'altro. Trovano sollievo nel fatto che ora sia iniziata una nuova fase in cui le donne parlottano tra loro e gli uomini possono camminare in tondo, finalmente in silenzio, senza più reiterare la parafrasi dell'articoletto di «Paris-Soir».

Ma gli arrivi non sono finiti. Lucas c'era il giorno precedente e torna a esserci anche ora: riserva i primi saluti alle donne, poi si arruola nel plotone degli uomini. Non intende però starsene lì con le mani in mano, quindi li prende a braccetto e li porta con sé fino al bancone, dove finalmente il *concierge* è tornato al proprio posto, ancorché con la pelle sotto gli occhi frustra e un incarnato troppo lucido. Il nuovo venuto pretende di telefonare: stavolta una risposta dall'Air France la ottiene, o meglio riesce a parlare con qualcuno che gli conferma di non sapere niente più di quello che ha pubblicato «Paris-Soir». Quindi detta il numero dell'hotel e chiede di richiamare immediatamente, in caso di novità. Poi è la volta di Henry, che fa valere il sangue: suo padre è stato un avvocato importante, consigliere di Stato e membro della Corte di Cassazione, inoltre ha ricevuto la Legione d'onore poco prima di morire. Lui stesso è un funzionario in carriera. Telefona al Quai d'Orsay e riesce a farsi passare Pierre Laval, ministro degli Esteri in carica, che lo rassicura sull'impegno profuso nelle ricerche. Per setacciare il deserto stanno partendo proprio in questo momento aerei della Raf dall'Iraq e aerei francesi da Damasco, mentre già dall'alba hanno iniziato a solcare il cielo quelli italiani e quelli egiziani.

Al termine della seconda telefonata, gli uomini non possono impedirsi di provare una moderata soddisfazione. D'altro canto i maschi funzionano così: basta che si arrabattino un po' o che abbiano qualcuno di importante da scomodare, e subito nella loro mente emerge l'idea di aver fatto tutto il possibile. Questo accade nonostante Laval sia stato sincero con Henry: dall'alto due uomini che camminano nel deserto sono quasi invisibili, soprattutto se non si sa dove sono precipitati. L'ipotesi di lavoro è che siano dalle parti della Palestina, portati verso nord dal vento, ma chissà... Ora il difficile, per Henry più ancora che per gli altri, è decidere cosa riferire alle tre donne.

«Signore» esordisce Gallimard dopo che sono tornati verso il salottino: s'è assunto il compito in ragione dell'autorevolezza che gli viene riconosciuta, «*monsieur* de Ségogne ha parlato direttamente con il ministro Laval, mentre *monsieur* Lucas ha avuto notizie dai vertici dell'Air France. La situazione non è mutata, rispetto a quanto scritto nell'articolo: non si ha ragione di credere si sia reso necessario un atterraggio di emergenza, né, purtroppo, al momento si è certi che il Simoun sia giunto in uno degli aeroporti presenti lungo l'itinerario. Tuttavia, per dissipare ogni dubbio, già da questa mattina sono stati intensificati i voli di ricognizione a bassa quota sull'area interessata dalla rotta del raid. La ritengono una misura opportuna, che cesserà non appena verrà determinato con certezza a che punto del tragitto si trova il Simoun. Ci terranno informati.»

La sproporzione tra il dispiego di aerei, che pure Gallimard s'è guardato dal dettagliare, e l'idea che vengano impiegati per il semplice scrupolo di verificare che sia tutto a posto è enorme. Ed è evidente come il trascorrere delle ore giochi a sfavore di un felice scioglimento. Tuttavia era giusto che Consuelo e Marie venissero messe a parte del contenuto delle telefonate. L'averlo fatto in questo modo le lascia libere di decidere dentro di sé quanto sia davvero grave la situazione.

«Oh, vi ringrazio» dice Consuelo. Si alza di slancio, esce dal cerchio del salottino, li stringe tutti e tre in un abbraccio scomposto. È la sua energia indigena, questa, che nonostante tutto non si lascia soffocare.

Al Pont Royal riprendono gli arrivi. Dopo che il gruppo ha riconquistato il proprio assetto – le donne sedute e gli uomini in piedi, a ripetersi quello che già sanno mentre intorno a loro il transito di ospiti si fa via via più sostenuto – ecco che Léon Werth e Didier Daurat fanno capolino appaiati, come se si fossero dati appuntamento. La pena è evidente sul volto di ognuno dei due, anche se con sfumature diverse: il primo è l'uomo buono che prova un'afflizione senza rimedio, il secondo invece è a disagio con i propri sentimenti, perché oltre a disperarsi si sente in colpa, avendo fatto tutto il possibile per convincere Tonio a partire.

Consuelo, che pure prova affetto per loro, si allarma come il paziente che non conosce fino in fondo la gravità del proprio male, ma la intuisce guardando in faccia chi l'è venuto a trovare in ospedale.

«Léon, Didier, voi qui...»

Daurat vorrebbe sdrammatizzare. Inizia a dire qualcosa sui centocinquantamila franchi di premio, ma la frase gli esce particolarmente infelice, farebbe sorridere a stento un pubblico di persone serene, figuriamoci questo per cui il sentimento prevalente è l'angoscia. L'attenzione di tutti, per fortuna, trova quasi subito un nuovo oggetto a cui rivolgersi: sta accadendo qualcosa nei pressi della porta, dove nel frattempo è andato a piazzarsi Gallimard. A quanto pare, sono arrivati altri giornalisti e lui si è assunto il compito di tenerli a bada.

«È mai possibile essere così inopportuni?» chiede Henry senza indirizzare la domanda a nessuno in particolare. Scuote la testa. Poi nel gruppo riprende la conversazione, Werth e Daurat vengono informati degli sforzi del ministero e dell'Air France. E più avanti nella mattinata sarà proprio Daurat, con il suo piglio, ad avocare a sé le comunicazioni ai nuovi venuti e gli scambi con i semplici curiosi. «Ah, Saint-Exupéry si è infilato in un merdaio tremendo. Ma, come al solito, all'ultimo momento ne uscirà» verrà sentito dire a un'ospite dell'hotel – donna elegante, ma con un fastidioso tic all'occhio sinistro – che gli chiedeva un'opinione sulla possibilità che Tonio venisse ritrovato. Mentre quando al telefono si farà vivo Fleury, la risposta sarà: «Non temere, è un uomo di grandi battaglie. Naturalmente ce la farà. L'ho visto disarmato solo di fronte alle difficoltà da niente, alle piccolezze, alle stupidaggini». Questo mentre Gallimard rimarrà un opportuno baluardo nei pressi dell'ingresso.

Le ore passano. Il personale del Pont Royal, che pure potrebbe eccepire per quel salottino trasformato in quartier generale, si dimostra discreto e insieme partecipe. Quando è il momento, il *concierge* invia un cameriere a chiedere se i signori desiderano pranzare: lo domanda così, senza fare distinzione tra le due donne che sono ospiti e gli altri. Ma nessuno ha fame o ritiene garbato mettersi a tavola in un momento del genere, anche se naturalmente è opinione diffusa che Marie e Consuelo non possano rimanere a stomaco vuoto. La dolce insistenza di Madeleine l'ha vinta almeno sulla prima, che si fa portare un piatto di crauti con due forchette e se lo sistema in grembo. È una comanda bizzarra, certo, ma sa quanto la nuora li ami. Spera così di ingolosirla, ed è quello che in effetti accade: Consuelo ogni tanto se ne infila in bocca un po', facendo finta di niente. Una donna come lei forse non dovrebbe... "Ma chi sono, io?" si trova a un certo punto a chiedersi. Vede una riga immaginaria, di fronte a sé. A un capo, sta la parola «moglie». All'altro, «vedova». A che punto della riga è lecito che scriva il suo proprio nome, Consuelo? Quanto vicino a uno o all'altro estremo?

Nel corso della giornata il viavai si fa sempre più intenso. Fleury, per esempio, un'ora dopo aver telefonato è lì. Un po' somiglia a Tonio: pilota, scrittore... però anche uomo d'affari, cosa che di Tonio proprio non si può, né si potrà mai dire. Ed è lì, a un certo punto, anche Yvonne de Lestrange, duchessa de Trévise, seconda cugina di Marie. Da tempo ha eletto a propria residenza un sontuoso *hôtel particulier* sul quai Malaquais, a pochi passi dal Pont Royal. È una donna intelligente, raffinata e gentile, almeno per come l'ha sempre percepita la madre di Tonio. "Chi l'ha avvertita della nostra presenza?" si chiede Consuelo. Gallimard o Marie? Non importa. La nuova venuta, proprio come l'editore, porta con sé una quieta signorilità che la donna trova confortante.

Mentre a ben vedere un giornalista che viene fatto passare c'è: Joseph Kessel, che ha dedicato vari articoli a Tonio nelle sue vesti di aviatore, durante il periodo in cui era a Cape Juby. In seguito sono diventati amici ed è evidente dalla contrizione sul suo volto, perché è lì. Altri? Per esempio Léon-Paul Fargue, conosciuto presso la Lestrange. Una sessantina d'anni, poeta, ha una lingua di capelli appiccicata di traverso al cranio tondo e piatto, stratagemma inefficace che non cela il problema e anzi denuncia una certa vanità. Il poco tempo per cui si trattiene è puntellato dalle sigarette che fuma una via l'altra tenendole a lato della bocca, come fanno le femmine. Sono anni che affumica i salotti letterari di Parigi e non vede motivo per risparmiare la hall del Pont Royal. Non che i portacenere fossero vuoti, prima del suo arrivo, perché nel gruppo cangiante – c'è chi è venuto e andato, nel trascorrere delle ore – i fumatori non sono mancati, né mancano. Ma tutti finora si sono trattenuti, la sigaretta è stata una rara concessione, non la regola. Non così è per Fargue, che dopo aver ascoltato e fumato allo stesso tempo se ne va. Altri ancora? Henri Jeanson. È vero, anche lui scrive sui giornali, ma non c'è da temere. Il suo stile straordinariamente vigoroso, la cui asprezza è garantita da battute non sempre opportune, lo impiega per passare da una polemica all'altra. La cronaca non gli interessa, figurarsi l'afflizione di persone per le quali prova affetto. Preferisce raccontare la verità dei bordelli, mettere alla berlina i metodi della polizia oppure demolire un film che piace a tutti. Ultimamente, poi, sembra interessato a scriverne lui, sceneggiature migliori di quelle degli altri che gli generano tanto disappunto.

Un particolare trasporto Consuelo lo riserva ad André Derain. Il pittore fa la sua comparsa in uno dei frangenti peggiori, quando la donna si è lasciata andare per la seconda volta al pianto. In precedenza era accaduto poco dopo l'ora di pranzo e ci avevano pensato Marie e Madeleine, che pure avevano entrambe gli occhi lucidi, a consolarla. Ora è pomeriggio e lei si piega in avanti rattrappendosi sulle ginocchia e singhiozzando. L'alveare di amici che le ronza intorno è variamente costernato, una volta ancora Marie le accarezza la schiena. È in questo momento che Derain entra, si fa spazio e le si accuccia di fronte ricavando non si sa come lo spazio necessario tra il tavolino e le poltrone. È un omone, e messo così sembra uno di quei grandi mappamondi in legno che si aprono e dentro hanno bottiglie di liquore e bicchierini. Le prende le mani, si guardano. Subito Consuelo si tuffa nel suo abbraccio, ci scompare. Il mappamondo si richiude. La donna è al sicuro, almeno per un po'.

Cos'altro dire, di questo lungo, lunghissimo primo giorno dell'anno 1936 al Pont Royal? Il telefono, dietro il bancone, squilla non si sa quante volte. Più passa il tempo, più le chiamate aumentano di numero, come uno spartito che s'infittisce di note per via di una melodia che non lascia tregua. Non si tratta solo degli inutili aggiornamenti dal Quai d'Orsay e dall'Air France, ma anche di giornalisti che tentano di superare la diga rappresentata da Gallimard per quella via – ogni volta il *concierge* si supera in bravura: riesce a chiudere le telefonate in fretta, per lasciare le linee libere, pur rimanendo cortese – e di altri amici che non possono o non ritengono opportuno recarsi lì. Le più commoventi arrivano dalle sorelle di Tonio. Simone si fa viva proprio da Saigon: laureata all'École nationale des chartes, dopo aver lavorato a Lione è stata chiamata nella città vietnamita da ormai tre anni. Aspetta il fratello a casa sua… E poi Gabrielle, che naturalmente chiama da Agay. Dice che tutti, in famiglia, da quando hanno letto la notizia hanno iniziato a pregare e non hanno più smesso.

VII

Sahara
mercoledì 1° gennaio 1936

16

Tonio richiude gli occhi. Le palpebre però gli pulsano di luce, è impossibile addormentarsi di nuovo. E in fondo non è questo che vuole. Sta solo ritardando il momento in cui lui e Prévot dovranno verificare se i teli ricavati dal paracadute hanno raccolto la rugiada che sperano. Se, insomma, c'è da bere. In caso contrario, chissà se arriveranno vivi a sera. Oggi è il primo giorno dell'anno ovunque, ma non qui. Non per loro, persi nel tempo senza futuro del deserto.

«Siete sveglio?» bisbiglia alle sue spalle il meccanico. Tonio resta immobile, forse troppo. «Siete sveglio?» ripete il malvagio Prévot, l'implacabile Prévot, alzando appena il volume della voce. Non che conti, d'altra parte: l'aurora del deserto non è nient'altro che fruscii, il che vuol dire un silenzio appena appena animato, un silenzio che denuncia la propria esistenza e il proprio abisso. Le parole rotolano come sassi neri sulla sabbia fine, poi spariscono.

Tonio sospira, irrigidisce le spalle, quindi riapre gli

occhi. Eppure è esistito un tempo, neppure troppo lontano, in cui era possibile tirare il lenzuolo fin sopra la testa... «Ci sono» dice senza girarsi.

«Andiamo.»

Prévot appare rinfrancato e almeno questo, considera Tonio, è un bene.

Scendono dal Simoun. Come al solito a fare strada è il meccanico, che raggiunge per primo i triangoli bianchi ricavati dal paracadute. Si china, appoggia con cautela un dito, poi un altro. Fa scivolare i polpastrelli avanti e indietro per qualche centimetro.

«Allora?» chiede il pilota in piedi alle sue spalle. Anche se gli occhi vedono, gli occhi sanno.

Prévot si rialza. Dice: «Almeno per ora, siamo salvi». È sereno, guarda lontano.

«Forza, allora. Ci serve una tanica, per raccogliere l'acqua.»

«Vado a prenderla.»

Scavano con le mani nella sabbia quel poco che serve per infilarcela ed essere sicuri che rimanga stabile durante le operazioni. Quindi sollevano il primo triangolo, in modo che sia voltato all'ingiù: è Tonio che si incarica di tenerne un lato alto sopra la testa, mentre Prévot sta accovacciato a strizzarlo piano piano perché la rugiada finisca nell'imbocco della tanica.

«Se non vorrete più volare, una volta tornati in Francia potrete sempre fare il bergamino» scherza il pilota. In questo momento si sente leggero e ne ha motivo. Per le prossime ore si vedrà, ma intanto quello che serviva ce l'hanno.

Il meccanico lo guarda da sotto in su, sembra quasi prendere davvero in considerazione l'idea, poi scuote affabile la testa e dice: «Ci sono più boschi che vacche, dalle mie parti». Si rimette al lavoro.

Un telo dopo l'altro, la piccola mandria dei triangoli bianchi viene munta. La tanica è piena. Mentre Prévot va a recuperare i bicchieri di stagno, Tonio la solleva e ne apprezza il peso. Si tratta di un paio di litri almeno. L'ha ancora in mano, quando il meccanico torna. La inclina a riempire i bicchieri.

Adesso che il cielo è tutto luce, nel deserto non è più possibile alcun segreto. L'acqua, per esempio, rivela il suo colore: un bel verde-giallo. Prévot non ci bada, beve come se sorbisse una medicina. Tonio è più cauto: annusa prima di portare alla bocca il bicchiere, che è già sgradevole di per sé. Lo stagno infatti ha gusto metallico e l'orlo sottile indispettisce le labbra come fosse una lama. Ancora più sgradevole è quest'acqua del deserto. Anzi, a dire il vero il suo gusto è spaventoso. Più spaventosa tuttavia è la sete.

Tonio ha bisogno di riprendere fiato. Quindi vuota il bicchiere. Lo avrebbe fatto anche se fosse stato pieno di fango. Non è il caso di andare tanto per il sottile.

Prévot inizia a girare in tondo. Guarda a terra come se cercasse scrupolosamente qualcosa. Quindi d'improvviso si china in avanti e vomita, pur senza fermarsi. Tonio lo guarda, ma non lo vede. Perché adesso è venuto il suo turno. Butta per terra il bicchiere, crolla dapprima in ginocchio, poi giù a quattro zampe, con le dita affondate nella sabbia.

Passa un quarto d'ora in cui i due gettano bile e tremano senza scambiare una parola. Mentre un po' alla volta la nausea si placa, il pilota si interroga su quello che è accaduto. Si chiede se il loro insuccesso sia dovuto a una sostanza di rivestimento del paracadute o al deposito di tetracloruro di carbonio di cui è intartarito l'interno della tanica. Avrebbero avuto bisogno di un altro recipiente, o di una tela diversa. Ormai però è andata così. L'ultima speranza è alle loro spalle. Chissà se vedranno un'altra aurora.

Eppure bisogna andare. Tonio è pur sempre il pilota, sta a lui prendere l'iniziativa. Henri Guillaumet era precipitato sulla Cordigliera delle Ande mentre infuriava la tempesta. Il suo Potez si era capovolto durante l'atterraggio di fortuna. Lui era riuscito a tirarsene fuori, poi si era messo in cammino. Per cinque giorni aveva affrontato il vento, il freddo, la neve e, di notte, la tentazione di cedere a un sonno da cui non si sarebbe più svegliato. Gli sarebbe bastato chiudere gli occhi per far scendere la pace nel mondo, per cancellare le rocce e il ghiaccio che aveva di fronte a sé ovunque si voltasse. Solo che si fosse messo al riparo delle proprie palpebre, sarebbe svanito il gelo che lo ustionava, gli strappi muscolari si sarebbero ricomposti e la fatica sarebbe svanita. Perché non farlo? Eppure Guillaumet aveva continuato a camminare, via via più simile al marmo che a carne viva, e alla fine si era salvato. Con i piedi congelati, il viso annerito, la pelle calcinata, le dita che non smettevano di essere intirizzite. Ma si era salvato.

«Andremo a nord-est» dice Tonio. La sua bussola

ora è Guillaumet, che ce l'aveva fatta procedendo in tale direzione.

«Il Nilo dovrebbe essere dalla parte opposta.»

Quella di Prévot è più una constatazione, che una protesta. Quando Tonio gli risponde che a ovest sono già stati, infatti, evita di ribattere.

«Andremo avanti per quanto ci è possibile. Non faremo più ritorno all'aereo, tanto ormai è inutile.»

«E se invece qualcuno lo trovasse?»

Tonio ci ragiona, anche se fatica a concentrarsi: le labbra sono spaccate, la bocca è piena di veleno, per il dritto della gola s'è conficcato un coltello.

«Lasceremo un messaggio. Scriviamo grande, sulla sabbia, in modo che si veda anche dal cielo.»

«Va bene» concede Prévot. Dubita che possa resistere a lungo, ma tanto non serve. Neppure loro, resisteranno a lungo.

Solcano con i piedi la sabbia sottile fino a scrivere: «Siamo andati a nord-est. SOS». Le lettere sono alte dieci metri. È un sollievo pensare al fatto che sono costretti a una fatica del genere per l'ultima volta: non dovranno più lasciarsi alcuna traccia alle spalle, dopo che si saranno congedati dal Simoun, visto che lo abbandonano definitivamente. Prévot ha un accesso di tosse, più o meno a metà dell'opera. All'acido risalito dallo stomaco, infatti, si è mischiata la sabbia che continuano a sollevare e che gli è entrata in bocca.

«Voglio lasciare un messaggio a Renée. Vi dispiace se scrivo su una fiancata?»

«Fate pure.»

Prévot recupera da dentro l'abitacolo la borsa con gli attrezzi. La apre. Estrae due cacciaviti. «Fatelo anche voi» dice consegnandone uno a Tonio. Poi si volta, si accosta alla fusoliera, inizia a scalfire la vernice. Con molta dignità, scrive: «Chiedo perdono a mia moglie per tutti i dolori che le ho provocato. André». Alle sue spalle Tonio annuisce, poi raggiunge l'altro lato e si mette al lavoro a sua volta.

«Sapete» dice Prévot quando poi si incamminano, «se fossi solo al mondo, mi coricherei.»

Sono le ultime parole che si scambiano prima di ammutolire. La poca energia residua, ulteriormente compromessa dalla rugiada malsana del paracadute, va tutta nelle cosce, nei polpacci, nei piedi. È bene non disperderla. L'unico dialogo che Tonio terrà vivo sarà quello tra i suoi occhi e il quadrante della bussola. Ogni tanto dovrà pur guardarla, per essere sicuro della direzione.

Se davvero sono già al di là del Nilo, un passo dopo l'altro penetreranno sempre più profondamente nello sterminato deserto d'Arabia. Ha senso, questo? Non lo avrebbe, se non ci fosse il ricordo di quanto accaduto a Guillaumet. Una volta salvo ha raccontato di avercela fatta perché gli sembrava di correre verso le persone amate. È la stessa cosa che ha detto Prévot, no? Quando uno precipita, se non avesse chi lo aspetta a un certo punto si coricherebbe.

Procedono quasi preda di una furia, l'ultima della loro vita. Vanno avanti con gli occhi a terra, nauseati dai miraggi: sono già abbastanza i fantasmi che si portano dentro, non è tollerabile essere aggrediti anche da fuori. Ogni tanto Tonio, dopo aver consultato la bussola, rettifica la direzione tirando Prévot per un braccio. Ogni tanto, invece, crollano a terra. Si sdraiano non per lasciarsi morire, ma quel tanto che basta a riprendere fiato, quindi ripartono. A un certo punto, chissà quando, il pilota si libera dell'impermeabile che aveva prelevato dal Simoun in vista della notte. È l'unico momento in cui il pensiero gli si ravviva. Si chiede se ora che sta per morire si pente dell'essere aviatore, invece di aver scelto una vita quieta. Ma la verità è che, al netto della sofferenza altrui, non è affatto dispiaciuto. A conti fatti, ha avuto il meglio. Se rinascesse, farebbe tutto da capo e nella stessa maniera. Perché la vita viene prima di ogni altra cosa e lui si è convinto che nelle città vita umana non ce ne sia più. Non è per guidare un aereo che si rischia la morte, così come un contadino non si sacrifica per il suo aratro. Sia l'aereo, sia l'aratro sono dei mezzi, non dei fini. Servono a lasciarsi alle spalle le città e i contabili che le abitano, a riacciuffare l'esistenza, anche se questo poi presenta il conto. Volare significa essere a contatto con il vento, con le stelle, con la notte, con la sabbia, con il mare. Destreggiarsi astutamente tenendo conto delle forze naturali. Aspettare l'alba come il giardiniere aspetta la primavera. Tendere al prossimo scalo come se fosse la terra promessa. "Com'è possibile lamentarsi di questo? Com'è possibile pentirsi?" pensa Tonio. Non è colpa sua, se il corpo umano non può resistere senza bere.

Il tempo scorre senza che i dispersi lo avvertano.

L'eterno presente del deserto e l'eterno supplizio della fatica cancellano l'ombra da sotto i loro piedi. I muscoli si fanno sempre più duri, i polmoni si cristallizzano. Se sollevano lo sguardo, in agguato non ci sono solo i miraggi, ma anche i bagliori della fine. È così che si muore per sete, lo sanno: si viene invasi dalla luce, i profili delle cose si sgranano e a quel punto manca poco. Per cui vanno avanti come bestie immemori di sé, lo sguardo ostinatamente basso. L'unico miracolo che si verifica, in tutta la giornata, è quando in bocca a Tonio s'accende un mugolio che rifà una melodia di Ravel. Passa da una nota all'altra senza aprire le labbra, il che gli dà un certo conforto. Ma non è che un momento. Poi di nuovo scompare da lui ogni vivacità, il pensiero si fa quiescente, tutto sprofonda. Le cose non vanno diversamente per Prévot.

Non sanno neanche immaginare quanti chilometri hanno percorso, quando il sole cala e si fermano.

«Accampiamoci» dice Tonio. Sa che in realtà avrebbe senso proseguire, è probabile che un'altra notte senz'acqua sarà il colpo di grazia. Per questo hanno portato i teli: tre a testa, nelle tracolle. Se il veleno non veniva dal loro rivestimento, ma dalla tanica, può darsi che domattina leccarli – non ci sarà altro modo, infatti – regalerà loro qualche ora in più. In caso contrario, che importa?

Li sistemano uno di fianco dell'altro, disegnando un motivo regolare riservato allo sguardo di Dio. Adesso che sono sovrastati dal cielo smaltato della notte sahariana, però, sono costretti ad arrendersi al fatto che è terso. Niente più nubi, sopra di loro. Il vento ha cambiato sapore e direzione. Non hanno bisogno di dirsi cosa significa. Ognuno dei due sa e sa che l'altro sa. A cosa servirebbe rendere tutto ancora più vero dicendolo ad alta voce? Il vento del deserto si è fatto caldo. La belva si va ridestando. Lecca le mani e il viso ai due uomini. Domani non ci sarà rugiada, sui teli.

«Laggiù c'è un lago» dice Prévot. Sono le sue prime parole da molte ore a questa parte, e sono parole di delirio, accompagnate da un braccio teso che indica il nulla all'orizzonte. «Da quella parte.»

Tonio scuote la testa: «Purtroppo no, amico mio. Nessun lago».

«Possibile che al crepuscolo si tratti di un miraggio?» insiste il meccanico.

Il pilota stavolta rimane zitto. Sa bene che non si deve fare affidamento su quello che gli occhi promettono. Certo, Prévot ha ragione: non è orario per una visione di quel tipo. Ma se non è un miraggio allora è pazzia, visto che laghi non ce ne possono essere. Il che è anche peggio.

«Saranno venti minuti di cammino al massimo. Non possiamo aspettare domani. Vado a vedere.»

«Non vi siete stancato a sufficienza, da stamattina?» Tonio scuote la testa, aggiunge: «Ma chissà, forse prendere aria vi farà bene. Andate pure. Non troverete nessun lago, purtroppo, ma forse tornerete in voi».

Prévot sgrana gli occhi, incapace di giudicare se in quelle parole all'affetto si mischi una dose di sarcasmo. Ormai il mondo si è capovolto e vale tutto. Non può volerne, al suo pilota. E comunque, anche se ci fosse da offendersi, non importerebbe. Adesso quello che conta è il lago, per cui si incammina.

Tonio osserva il meccanico allontanarsi come se fosse un sonnambulo che senza saperlo sta per andarsi a gettare sotto le ruote di una locomotiva. Ma in fondo, al punto in cui sono, forse un impazzimento può rendere più dolce la fine. Quasi certamente Prévot non tornerà. Verrà colto dalla vertigine del vuoto e non sarà in grado di fare dietrofront. Cadrà e morirà in disparte. Tonio farà lo stesso lì, vicino ai teli inutili.

Rimasto solo, il pilota si siede a terra, ormai impassibile di fronte alla sorte che lo attende. E questo non è un buon segno. È come alla baia di Saint-Raphaël, quando era prigioniero del Latécoère e si era rassegnato a morire. Stavolta però non ci sarà nessuna sacca d'aria a ripulirgli i polmoni dall'acqua verde marcio. Nessun marinaio lo porterà via da lì.

Per capire a che punto è, tenta di formare della saliva in bocca. Quando è stata l'ultima volta che ha sputato? Sarebbe bello ricordarlo, perché non accadrà mai più. Se tiene le labbra serrate, subito le sigilla una sostanza vischiosa che seccandosi forma un cordoncino duro. Eppure se prova a deglutire ci riesce. Gli occhi non vengono invasi dalla luce. Il suo momento tarda a giungere. Non che questo sia per forza un bene.

Ormai è buio. Ma la luna è cresciuta, nelle ultime due notti, e inoltre l'assenza di nubi consente alle stelle di fare il loro lavoro. Prévot ancora non torna. Tonio, steso a guardare in su, lascia che il suo corpo ricordi e che le sensazioni provate anni prima, quando era imbarcato alla volta del Sud America, lo invadano. Si trovava sul ponte superiore di una grande nave e poteva ammirarne l'albero maestro allungarsi all'infinito tra le stelle. Qui manca l'albero, considera il pilota, ma nonostante questo non si può dire che lui non sia in viaggio. La destinazione non dipende più dai suoi sforzi. La meta, quando l'avrà raggiunta, sarà l'ultima. Chissà se Prévot lo ha anticipato e lo aspetta là. Si è dimostrato il miglior compagno di sventura possibile. Non si è mai lamentato. E del resto sarebbe stato troppo, nella loro situazione, infliggersi l'un l'altro dei piagnistei.

Poi un bagliore attira l'attenzione del pilota, che si solleva a guardare. Non c'è dubbio, si tratta di una lampada. Che ora viene agitata in aria per attirare la sua attenzione. Dunque il meccanico è ancora vivo e sta facendo ritorno, solo che nel buio non è in grado di individuarlo. Soprattutto perché Tonio non ha una lampada per rispondergli. Come deve fare? Si alza, porta le mani alla bocca e con uno sforzo al limite delle sue possibilità grida. Quindi tende l'orecchio, ma non arriva nessuna risposta. Piuttosto... A duecento metri dalla prima lampada, se ne accende una seconda. Poi una terza. E finalmente Tonio, al colmo della gioia, capisce. Prévot aveva ragione. Ha trovato il lago e qualcuno che si è unito a lui in una battuta per cercarlo!

«Ehi!» grida.

Ma non riesce a farsi sentire.

Le tre lampade ondeggiano ancora, nel buio.

«Ehi!»

Niente, né un grido di risposta, né che i tre si incamminino nella sua direzione.

Non è possibile. La distanza non è poi così grande.

Forse crede di gridare, ma la voce rimane nella sua testa soltanto. È l'unica spiegazione.

Per la prima volta da quando tutto questo è cominciato, Tonio si sente invadere dal panico. La salvezza è a tanto così, ma sembra sfuggirgli. Sa che tra poco faranno dietrofront e andranno a cercare altrove. Deve impedire che accada, perché allora sarà davvero la fine. Ma è ancora in grado di camminare? È in grado anche solo di muovere un passo? Gli sembra impossibile. Il panico è troppo forte. Che amarezza.

Però Guillaumet ce l'ha fatta, si dice. Guil-lau-met. Tre sillabe. Il pilota le scandisce dentro di sé. Guil: il piede destro avanza. Lau: stavolta è compito del sinistro, sollevarsi e poi rimpiombare a terra. Met: di nuovo il destro. Guil-lau-met. Altri tre passi. Tonio è stato l'unico a credere davvero che ce l'avrebbe fatta, quando era disperso, e Guillaumet è tornato. Guil-lau-met. Altri tre passi. Se lo ripete dentro via via più in fretta e così, invece di camminare, scopre che è in grado addirittura di correre. O quasi.

«Aspettate... Aspettate...»

Le tre luci si erano avviate in un'altra direzione, ma finalmente devono averlo udito, perché si bloccano.

«Ehi!»

È l'ultima cosa che Tonio dice, prima di inciampare e finire steso a terra. Quando riesce a puntare i palmi e a tirarsi su nella posizione della lucertola, vede Prévot. L'ha raggiunto. Gli sorride.

«Quando ho visto tutte quelle lampade...»

«Quali lampade?» chiede il meccanico.

Tonio lo supera con lo sguardo: alle sue spalle non c'è nessuno. Neppure se gira la testa a destra o a sinistra, tornano ad accendersi nella notte le luci che era certo di aver visto.

Si alza, si pulisce le mani sbattendole l'una contro l'altra, si schiaffeggia i pantaloni.

«Il vostro lago?»

Ora gli sembra quasi un argomento di conversazione ameno, qualcosa di cui parlare come si parlerebbe di un luogo di villeggiatura o di un viaggio in barca.

«Si allontanava quando avanzavo. Ho camminato nella sua direzione per mezzora, ma rimaneva comunque troppo lontano. Per questo sono tornato. Però adesso ho la certezza che c'è.»

«Siete ammattito, André. Anch'io lo sono. Vediamo cose che non esistono.»

«Il lago c'è, ve lo assicuro.»

«Ma no, no!» Tonio si sente invadere dalla rabbia. Non ce l'ha con Prévot, ma con l'irrimediabilità di ogni cosa, con il fatto che non basti il ragionamento a trarli in salvo. È una sconfitta delle sue prerogative d'uomo. Questo gli dispiace più dell'arrivo della fine. Che tutto sia irragionevole li costringe a morire da bestie. «Ditemi, perché lo avete fatto?»

«Avrei tanto voluto trovare da bere...» spiega Prévot abbassando la voce. «Avete labbra così bianche.»

Con la stessa velocità con cui era montata, la rabbia abbandona Tonio. Il meccanico l'ha fatto per lui di mettersi in marcia. Non si può non amarlo, un compagno del genere.

«Vi capisco. Anch'io avrei voluto che le tre lampade che vedevo fossero vere, André.»

Dice così, poi si passa una mano sulla faccia. È triste.

«Va male» commenta Prévot.

Ormai non possono fare altro che accogliere la notte e quel che sarà. Si avviano verso i teli. Fa già molto freddo, Tonio comincia a tremare. Il suo sangue è impoverito, circola male, e l'aver gettato l'impermeabile ora si rivela l'errore più grande: il gelo notturno gli morde le carni, affonda i denti fino a che non cozzano contro le ossa. Sussulta, mentre il vento a poco a poco peggiora.

Il deserto è liscio come il marmo. Di giorno non offre nessuna ombra per difendersi dal sole. Di notte, nessun riparo dalle raffiche. Non c'è un albero, non c'è un cespuglio, non c'è una siepe.

Una volta raggiunti i teli, Tonio comincia a camminarci intorno per scaldarsi. A Prévot le cose vanno un po' meglio, ma anche lui non intende stare fermo. Peccato, morire così. Ora che sono giunti al capolinea rimpiangono i miraggi. Soprattutto Tonio: com'era bello il monastero pieno di domenicani studiosi che si era inventato, con la sua campana, la sua grande cucina e il suo pozzo... Non sarebbe stato meglio morire credendo di essere lì, invece che spaccati da questo freddo crudele?

«Datemi la farmacia» implora il pilota.

Prévot tira fuori dalla tracolla quel poco che avevano imbarcato sul Simoun: un etto di etere puro, un altro etto di alcol a novanta gradi e una boccetta di tintura di iodio. Tonio si fa consegnare l'etere, tenta di berne due sorsi, ma è impossibile. Tanto varrebbe buttar giù delle lamette. Ci riprova con l'alcol, ma gli si chiude la gola. Niente, anche questo secondo tentativo è andato a vuoto. Non gli resta da fare altro che inginocchiarsi e iniziare a scavare.

Quindi la situazione è questa: Tonio per scaldarsi si è sepolto vivo e ora dalla sabbia emerge solo il suo viso. Mentre lo faceva, Prévot ha scovato chissà dove degli sterpi e ha acceso un piccolo fuoco. Le fiamme presto si estingueranno, ma almeno esistono. Servono soprattutto al meccanico, che rifiuta di autoseppellirsi. Faccia come crede. A questo punto una cosa vale l'altra.

Il pilota chiude gli occhi. Basta non muoversi e il freddo è sconfitto. Ecco come va a finire. Ci si stende e si muore, tutto qui.

17

Tonio viene risvegliato da un bussare leggero alla porta, che però si fa in fretta più insistito senza che lui abbia avuto nemmeno il tempo di reagire. Dice: «Ci sono...» con la bocca impastata. «Ci sono!» ripete una seconda volta, perché il bussare non si è arrestato. Poi apre gli occhi.

«Signorino Tonio!» sente attraverso la porta. «Vostro fratello vi desidera. Fate presto, per l'amor di Dio.»

Ora gli occhi, spalancati, scrutano la penombra nella sua grande camera a Saint-Maurice. Le mani scivolano sulle belle lenzuola fresche, le afferrano, ma è questione di un attimo: subito si mette a sedere, cerca con i piedi le pantofole e si alza. Non perde tempo ad accendere il lume sul comodino. È luglio, si vede a sufficienza per orientarsi. E comunque quella voce fuori dalla porta, che s'è scomodata a venirlo a chiamare, ce l'avrà lei un lume. Piuttosto va alla seggiola, in fretta si infila la camicia e i calzoni.

Poi è in corridoio, insieme all'infermiera che mamma ha assunto perché assista François durante la notte. A partire da Pasqua il fratello si è progressivamente aggravato, e da fine giugno in pratica non si è più alzato dal letto. Il reumatismo articolare ha continuato ad avanzare in lui, accendendo fuochi. Come fa un esercito in guerra. Il corpo può tollerarlo fino a un certo punto, ma quando le fiamme si alzano nei dintorni del cuore, le speranze di spegnerle si affievoliscono.

«Si sente male?» chiede Tonio. È una domanda imprecisa, e lui lo sa: quella giusta sarebbe: «Fino a che punto sta male?» o «Dove s'è accampato, l'esercito?». Ma non sempre le parole servono per comunicare. A volte sono come indumenti per celare l'orrenda nudità di certi fatti. Sa anche questo.

La donna scuote la testa.

«Signorino...» dice soltanto. Tonio accelera il passo.

Poi, ecco, è nella stanza di François. L'infermiera gli ha ceduto il lume, si è accomodata sulla seggiola sistemata in corridoio per chi monta la guardia. Se ne starà al buio ad attendere e chissà, forse riuscirà a riposare almeno un poco.

Tonio guarda il fratello, che in questo momento ha gli occhi chiusi. Pensa: "Come sei bello. Nonostante tutto quello che stai soffrendo, nonostante il male...". François indossa una vestaglietta verde, mentre attorno al collo porta una sciarpa sottile di seta gialla. Quello che emerge dalle lenzuola è un gentiluomo, addirittura un principe. Piccolo, certo, ma pur sempre un principe. Che ora apre gli occhi.

«Tonio...»

«Sono qui.»

Gli è vicinissimo. Mentre ancora aveva gli occhi chiusi, infatti, ha preso una poltroncina e si è messo a fianco del letto, poggiando a terra il lume.

«Oh, Tonio, grazie di essere venuto... Volevo parlarti prima di morire.»

«Non dire così. Tu non stai morendo.»

Una crisi toglie il fiato a François e ribatte alla bugia di Tonio meglio di quanto non farebbero le parole. Il corpo del ragazzo è percorso da uno spasimo, la mascella gli si serra. Riesce comunque ad alzare una mano, a fare segno di no agitandola nell'aria. Cosa vuol dire questo no? No, non è ancora il momento?

Come è venuta, la crisi passa. Le spalle di François tornano ad affondare nei cuscini. Dice: «Che miseria. Tutto questo per un cappotto...».

Tonio, che gli ha afferrato una mano, ne accarezza il dorso.

«Non te l'ho mai confessato. Ma quella domenica, a Villa Saint-Jean, non ho voluto metterlo per non sciuparlo. Era il regalo che mamma mi aveva fatto a Natale. E ora eccomi qui.»

Dice così, poi tossisce. Troppe parole in una volta.

«Forza» dice Tonio, che invece è laconico come accade di rado. Ma come potrebbe essere altrimenti?

«È splendido, quel cappotto...» sospira François.

«Lo è davvero.»

«Ti andrà piccolo. Ma forse il sarto potrà sistemarlo.»

Tonio prova ancora l'istinto di mentire. Riesce a trattenersi. François, che sta entrando nella breve ora in cui prima di andarsene i moribondi hanno capacità d'intuizione quasi profetiche, dice: «Non spaventarti, non soffro. Non sento male. È solo che non posso fare niente perché le cose vadano in un altro modo. È il destino del mio corpo».

Con questo vuol dire che esso gli si è fatto già straniero, che l'esercito l'ha conquistato per la gran parte e non sarà possibile riaverlo. Così, dunque, non si prova dolore. Perché non si è più.

Ecco un altro accesso di tosse.

Tonio non può fare di più che baciargli la mano e attendere.

Quando è passato, François si raddrizza per quel che può e si mostra serio in volto: «Vorrei fare testamento». Sembra che un lieve rossore di imbarazzo si sovrapponga all'affanno della morte, ai capillari rotti nello sforzo, al lucido degli occhi. E questo perché François ambisce a comportarsi da uomo almeno una volta, prima di andarsene. Oltre all'imbarazzo, in lui si diffonde una certa fierezza. Tonio lo conosce a sufficienza da indovinarla a colpo sicuro.

«Non c'è solo il cappotto. Voglio che tu abbia la mia bicicletta e la mia carabina.»

Se fosse un costruttore di torri, avrebbe affidato al fratello l'ultimo cantiere da portare a conclusione. Se fosse un padre, gli avrebbe raccomandato di occuparsi dell'educazione dei propri figli. Se fosse un pilota, gli avrebbe posto tra le mani le carte di bordo.

Ma François è solo un ragazzino. E questi sono i beni più importanti che possiede.

«Ne avrò cura» promette Tonio con gli occhi lucidi.

«Vado a stare su una stella.»

François chiude gli occhi. Ma non muore, perché morire in realtà è soltanto temere l'ignoto, l'esplosione, addirittura se stessi. Al contrario, quando il corpo si disfa si rivela l'essenziale. Ed è ciò che accade ora al ragazzo.

Tonio si china in avanti, bacia il fratello sulla fronte, sulle palpebre abbassate, sulle guance. Poi si alza, recupera il lume. Non sono passati che venti minuti, da quando è entrato nella stanza. Esce in corridoio. L'infermiera lo guarda da sotto in su.

«Attendete qui per favore» dice con una certa mitezza.

Lei fa per aprire la bocca, ma Tonio si porta un dito alle labbra, chiedendo di non rompere il silenzio. Si avvia verso camera propria. Quando fa ritorno, cinque minuti dopo, oltre al lume stringe tra le mani la Kodak a soffietto. Quella che ha comprato a Friburgo l'anno prima, nel negozio di un ebreo il giorno che era arrivato in città senza baule e aveva trascorso un delizioso pomeriggio a girare per le sue stradine. Come invecchiano in fretta, i ricordi felici.

L'infermiera, fedele alla consegna, non domanda. Lo osserva entrare di nuovo nella stanza e chiudersi la porta alle spalle.

Una volta dentro, Tonio appoggia per terra il proprio lume e la macchina fotografica, quindi si adopera per accendere il lume del fratello. Quando le fiamme a disposizione sono due, le posiziona in modo da rischiarare il più possibile il corpo di quel piccolo principe addormentato. Poi va alla finestra, tira le tende, spalanca dapprima i vetri e poi le imposte, che erano chiuse per garantire un riposo che si è proiettato in un'altra dimensione.

Quando s'è garantito tutta la luce possibile, Tonio recupera da terra la Kodak e sgancia lo sportellino, lasciando che l'obiettivo scivoli in avanti. Se la solleva di fronte al volto, prova una prima inquadratura che però lo lascia insoddisfatto. Fa un passo in avanti, riprova. Per essere maggiormente sicuro del risultato avrebbe bisogno di un cavalletto. Ma già non sa se è giusto quello che sta facendo – è l'istinto che lo spinge a prendersi quel ricordo tutto per sé, ed è l'immaginazione che gli fa credere che François lo vorrebbe –, figurarsi se può indugiare. Quindi scatta. Imprime sulla pellicola il volto del fratello, con la stretta sciarpa di seta ancora intorno al collo e la vestaglietta aperta al sommo. Nell'inquadratura sono entrati anche i cuscini e un pezzetto della carta da parati damascata che ricopre le pareti della stanza.

"Chissà se la luce era abbastanza" si interroga Tonio richiudendo lo sportellino della macchina fotografica. Poi se la appende alla spalla sinistra, inspira profondamente e inizia a piangere lunghe, silenziose lacrime. Guarda un'ultima volta François. Si gira. Fa il primo dei passi dolorosi che lo condurranno ad avvertire sua madre.

VIII

Parigi
giovedì 2 gennaio 1936

18

Se dovesse giudicare basandosi soltanto sul borsone di cuoio che Consuelo si è caricata in spalla prima di lasciare il Pont Royal, Marie sarebbe costretta a concludere che senza dubbio è successo: dopo giorni di crescente angoscia e una notte insonne, la nuora ha compiuto quel breve ma decisivo passo che permette di varcare il confine ed entrare nel vasto continente della follia.

Ora la giovane donna procede a passo svelto, incurante di quelli che percorrono il marciapiede in senso opposto e sono costretti a scegliere tra farsi da parte e venire urtati. Tra questi ultimi c'è chi si irrigidisce rimanendo sul posto come se l'avesse percorso la corrente elettrica, prima di lasciarsi andare a un rimbrotto. A loro Marie, che cerca di tenere il passo di Consuelo ma continua a restare indietro, rivolge un sorriso di scuse. È tutto quello che può fare. L'alternativa sarebbe fermarsi, spiegare chi sono, cosa stanno vivendo. Certo: otterrebbe l'assoluzione, forse anche uno sguardo di pena, ma perderebbe di vista la nuora. Così è costretta a tenersi stretto quel minimo di cortesia che un sorriso garantisce e andare avanti.

Se dovesse giudicare basandosi soltanto sul borsone di cuoio, Marie penserebbe senza dubbio a un ammattimento. Prima però c'è stato dell'altro. Le due donne hanno fatto colazione all'alba, quando ancora il salone era vuoto. Al termine Consuelo le ha chiesto di attenderla ed è andata alla reception. Pur distante, Marie ha visto che alle sue richieste il *concierge* annuiva, quindi le ha messo a disposizione il necessario per scrivere: penna, calamaio, un cartoncino immacolato, una busta. Consuelo ha fatto in fretta, stando dritta in piedi. Poi ha atteso che l'uomo richiamasse l'attenzione di un fattorino e gli ha consegnato lei stessa il biglietto. Gli ha stretto le mani nelle sue, dopo che questi l'aveva infilato nella tasca della giacca. Come a raccomandarsi. Quando è tornata da lei, ha sospirato: «*Maman*, cosa volete mai? Sediamoci e aspettiamo. Presto qui sarà pieno come ieri».

E così è accaduto.

Al suo arrivo Gallimard, che è stato di nuovo il primo, le ha salutate con affetto e vera cordialità, signorile nei modi come sempre, ma si vedeva che aveva fretta. Il perché lo si è capito quando ha declinato l'invito a sedersi ed è tornato a presidiare l'ingresso in modo da tenerle al riparo dai giornalisti. Aveva scelto per sé quel ruolo e non intendeva abdicare. Non solo perché era necessario, ma forse anche perché lo teneva ai margini dell'addensarsi di preoccupazione e dolore.

Da quel momento è stato come se si fosse aperta una diga. Il salottino del Pont Royal era già gremito quando la maggior parte degli ospiti dell'hotel doveva ancora scendere per la colazione. Erano ricominciate le chiacchiere sussurrate, le carezze sul volto di Consuelo, gli abbracci a Marie, qualche lacrima. E naturalmente erano ricominciate le telefonate, con Lucas che garantiva il collegamento con l'Air France ed Henry quello con il Quai d'Orsay.

A un certo punto il gruppo era stato percorso dall'indiscrezione che proprio il ministero aveva già ordinato le bare e si preparava a celebrare i dispersi con gli onori necessari. Com'era possibile una cosa del genere? Consuelo era scoppiata in un pianto straziante e la stessa Marie non aveva saputo trattenersi. Anche al suo Tonio toccava dunque il destino ingrato di figlio che se ne andava prima della madre? Come una furia, Henry era tornato alla reception. Voleva una smentita telefonica dal ministro. Che però non era in sede, in quel momento. Il massimo che aveva potuto ottenere era stato un breve scambio con il vicecapo di gabinetto, con il quale tuttavia non aveva familiarità. Questi si era limitato a confermargli che gli sforzi per rintracciare i due aviatori erano massimi e che il ministero sarebbe stato all'altezza di ogni evenienza. Il che, a ben vedere, non voleva dire niente. Si trattava soltanto di un'esibizione della lingua cava della politica, che parla impiegando suoni armoniosi, sembra soddisfare chi la ascolta e in realtà gira a vuoto. Comunque Henry se l'era fatto bastare ed era tornato al gruppo trasmettendo una secca smentita che s'era inventato di sana pianta. C'era stato un mormorio d'approvazione e subito la discussione aveva assunto i toni della reprimenda: verso la gente che in strada parlava senza sapere, verso certi giornalisti che non erano capaci se non di insinuare e in generale verso quel che sempre accade quando una parola passa di bocca in bocca deformandosi, cambiando colore, ingrossandosi o finendo addirittura capovolta.

Poco dopo l'ora di un pranzo che nessuno aveva consumato, era arrivata una telefonata per Consuelo. Il gruppo nel salottino era ammutolito, attendendo con il fiato sospeso. C'era chi si guardava le punte delle scarpe, chi all'improvviso trovava di estremo interesse il lampadario al centro del soffitto. Poi la donna era tornata e non aveva fatto altro che alzare la mano di fronte al volto facendola ballonzolare come un fuoco, in un gesto a cui i presenti non erano stati in grado di attribuire significato. Quindi aveva detto: «Io devo uscire. Ma mi farebbe piacere che voi vi fermaste fino al mio rientro».

La sorpresa era tale che nessuno era riuscito a reagire per tempo, prima che si fosse voltata di nuovo per dirigersi verso le scale. Solo Marie aveva avuto la prontezza di alzarsi e andarle dietro. Qualche minuto dopo Consuelo era tornata, appunto, con un borsone di cuoio, già indossando cappotto e guanti. Marie la seguiva, anche lei vestita per uscire.

«Dove andate?» aveva chiesto Madeleine a nome

di tutti, con il tono sottilmente disperato che solo un'amica sa riservare a un'amica.

«Va tutto bene» aveva risposto Consuelo.

Marie si era limitata ad alzare gli occhi al cielo. Poi avevano varcato il portone, superato un Gallimard visibilmente sorpreso e rotto l'assedio dei giornalisti, a cui non sembrava vero che mentre a loro veniva impedito di entrare fossero la moglie e la madre di Antoine de Saint-Exupéry a raggiungerli. Ma le due si erano messe a camminare di buon passo e anche quelli avevano provato a inseguirle – con Gallimard incerto se doveva montare la guardia al Pont Royal o incamminarsi a propria volta –, ma ben presto si erano dovuti arrendere.

C'erano stati un biglietto, una telefonata e un borsone di cuoio dunque, ma nessun chiarimento. Né su cosa ci fosse all'interno del borsone, né su dove fossero dirette. Consuelo aveva detto soltanto a Marie che non le sarebbe dispiaciuto che la accompagnasse.

"Ecco com'è andata" pensa Marie. Alla quale manca ancora una spiegazione, ma che con l'accumulare tappe e luoghi di quella città che pure conosce in maniera largamente imperfetta – il Pont Royal, l'École du Louvre, il Jardin des Tuileries, la Comédie-Française – comincia a farsi almeno un'idea della possibile meta. Se ora costeggiano il Palais-Royal e poi piegano verso destra... Ci sono, quella è Notre-Dame-des-Victoires. Consuelo fa segno di entrare.

Superando un piccolo presepe che in precedenza nessuna delle due aveva notato, raggiungono la cappella che ospita l'altare della Vergine. Proprio come martedì. Non che sia una bella statua sotto il profilo artistico, inoltre sia Maria sia il Bambino guardano a terra qualcosa di invisibile che deve essere di fronte a loro, sulla sinistra. Perché questa strana posa? Nel complesso, però, appaiono sereni. Quel che deve arrivare da lì – una serpe infernale con la testa a triangolo oppure un fiotto d'acqua che risana – arriverà comunque, si tratterà solo di farci i conti. Non occorre darsene pena.

Si inginocchiano una a fianco dell'altra. A differenza della prima volta, Consuelo non spalanca le braccia, non si abbandona al pregare vigoroso praticato dalla sua gente. Si distende una mano sulla faccia come una maschera, con l'altra stringe a sé il borsone e inizia a mormorare. Marie invece intreccia le dita. Questa litania smozzicata è la prima cosa che esce dalle loro labbra, da quando hanno abbandonato il Pont Royal. Intorno non c'è nessuno, la chiesa è completamente deserta. D'altro canto è il pomeriggio del 2 gennaio e non sono previste funzioni. Tra Natale e Capodanno ce ne sono già state a sufficienza. Ai fedeli un po' di tregua non può che fare bene.

Passano manciate di minuti, recitano diverse *Ave, o Maria* e altrettanti *Padre nostro*. Poi Marie sente una voce femminile che chiede: «*Madame* de Saint-Exupéry?». Apre gli occhi. Non stanno chiamando lei. Di fianco a Consuelo, in piedi, c'è una donna che le ha appoggiato la destra sulla spalla per richiamarne l'attenzione già prima di domandare. È minuta, ma a suo modo bella: i tratti del volto sono fini e incisi. Marie vede Consuelo annuire, alzarsi. Prima di seguirla – perché è questo che deve fare, appare subito evidente da come la nuova venuta si discosta da loro – la nuora le fa segno di attendere lì, le fa capire che va tutto bene. Poi abbranca il borsone e raggiunge la sconosciuta su una panca a ridosso del pulpito in legno, a metà della navata centrale.

Nonostante il posto che le due si sono scelte sia il più appartato possibile, da dove si trova Marie riesce comunque a scorgerle. Le controlla con discrezione, lasciando che le loro sagome entrino nella periferia del suo sguardo mentre all'apparenza fissa la statua della Vergine. Non che questo importi poi molto: le due donne non badano a lei e la basilica continua a essere vuota. Lo fa più che altro per sé, perché è giusto.

È così che finalmente si svela il mistero del borsone. Consuelo lo apre e ne estrae un soprabito maschile color cammello. Lo solleva in aria un po' sgualcito, come una vela a cui manca il vento per tendersi: nel caso specifico, quel vento è il corpo di Tonio. La sconosciuta che le siede a fianco allunga le mani, pinza la stoffa con le dita, tira a sé l'indumento. Consuelo glielo lascia. La donna se lo adagia in grembo e inizia ad accarezzarlo. Quindi, mentre le sue mani sembrano preda di una febbre che le costringe a ripetere il gesto ancora e ancora, sempre più in fretta, solleva gli occhi al soffitto. Marie non sa dire cosa stia guardando, anche perché non c'è niente da guardare, si tratta di una semplice volta a botte neppure affrescata, il cui intonaco è ritmato qua e là da riquadrature. Ma se anche fosse un tripudio d'angeli, c'è da dubitare che le interesserebbero. La donna guarda verso l'alto per guardare in un posto che è da qualche altra parte nel mondo e da qualche altra parte nel tempo. Infatti adesso chiude gli occhi. Non smette di accarezzare. Ondeggia, poi si blocca, poi di nuovo freme come posseduta. Consuelo, al suo fianco, è di pietra. Mentre Marie, che ha ormai voltato la testa di tre quarti, finisce per concentrarsi sull'aspetto della sconosciuta. Sulle ampie maniche del suo cappottino più bizzarro che piacevole, certo, ma anche sulle vistose collane che porta al collo, fatte d'argento e di grandi pietre opache. Come sono strane, a volte, le derive che prende il pensiero... Di deriva in deriva finisce per paragonarle alle sfarzose, brutte corone che portano sul capo la Vergine e il Bambino che ha davanti. Bigiotteria profana contro bigiotteria sacra.

La donna riabbassa la testa. Si gira verso Consuelo, spalanca gli occhi e smette di accarezzare il soprabito che porta in grembo. Le ampie maniche del cappottino non vibrano più. Ora le sue mani raggiungono le spalle di Consuelo e ci si aggrappano: la sconosciuta la tira a sé, le avvicina le labbra all'orecchio, bisbiglia ciò che deve. La abbraccia con forza. Ma quando la lascia, Consuelo si accascia all'indietro, svenuta.

Marie scatta in piedi, le raggiunge.

Non sa neanche lei cosa sta gridando mentre questo avviene.

Subito dopo ha la nuora in grembo, come la Vergine suo figlio quando da bambino che era s'è ormai fatto grande e cadavere. Per fortuna la situazione è diversa. Consuelo respira. La sconosciuta le fa aria, la chiama: «*Madame* de Saint-Exupéry... *Madame* de Saint-Exupéry...».

«Chi siete voi?» chiede Marie. «Che cosa le avete fatto?»

«*Madame* Luce Vidi» risponde quella. «E non le ho fatto niente. È solo svenuta.»

Marie la fissa insoddisfatta.

«Sono un'indovina. La signora mi ha dato appuntamento per conoscere il destino di suo marito.»

IX

Sahara

giovedì 2 gennaio 1936

19

Di nuovo la percezione di essere al mondo.

Eccola, la condanna che torna implacabile come ogni mattina.

Le palpebre si fanno di alabastro trafitte dalla luce del giorno. Tentare di serrarle è peggio: al naturale dissolversi del sonno si sovrapporrebbe lo sforzo di volontà, che sveglia ancora di più il dormiente. E non c'è lembo di lenzuolo da tirarsi sulla faccia, quando si è raminghi nel Sahara. Un fresco lenzuolo... Tonio sporge un braccio fuori dalla sabbia, lo spinge con cautela in avanscoperta. Uno dei triangoli di paracadute è abbastanza vicino a lui perché possa raggiungerlo con le dita. La sua zampa da ragno si allunga, ma niente. Sotto i polpastrelli la tela risulta impietosamente asciutta. Forse è ancora presto. Forse questa luce che intuisce attraverso le palpebre non è davvero l'alba. Tutto può essere. Occorre aspettare. Del resto sente fresco sulla faccia, chissà che non ci sia ancora speranza.

Per quanto tempo si attarda e attende la rugiada? Nel deserto gli orologi non hanno ragion d'essere, perché il tempo non è più a misura d'uomo. Fare le proprie commissioni l'una dopo l'altra, darsi appuntamento in un caffè, rendersi conto che è ora di cena: tutto questo appare lontano. Anche lo spazio è indifferente all'uomo. Le dune cambiano forma, la linea dell'orizzonte è remota come in nessun'altra parte del mondo.

Ma bisogna andare. Di questo Tonio è consapevole, non importa quanto ha indugiato. Spalanca gli occhi, si solleva a sedere sulla sabbia fredda, si dà una rassettata. Gira la testa per vedere quello che sa già. L'alba s'è fatta bianca senza aver bagnato le loro tele. Ormai il vento è definitivamente cambiato in peggio.

A questo punto accade qualcosa che il pilota proprio non si aspettava: François è lì in piedi, a due passi da lui. Addosso ha ancora la bella vestaglietta verde di quando è morto e attorno al collo la stessa sciarpa in seta gialla di allora. Gli sorride, tende una mano nella sua direzione. Possibile che un ragazzino riesca ad aiutare un omone come lui? Eppure la afferra e un attimo dopo è in piedi. Ora sono uno di fronte all'altro. Si guardano. Che begli occhi trasparenti che ha François, pieni di curiosità per le cose del mondo. Tonio freme. C'è ancora troppo freddo, perché si tratti di un miraggio. Soprattutto di questo miraggio. Per il quale potrebbe anche piangere, se solo il suo corpo ne fosse ancora capace.

«Forza» dice François. Ora il bel sorriso gli è risalito lungo le guance a illuminare la pelle, a far brillare gli occhi. «È ora di andare.» Distende il braccio. «Di là.»

Tonio si volta nella direzione indicata. Cerca di capire se ci sia qualcosa di diverso da ieri, magari un corpuscolo appoggiato sulla linea dell'orizzonte. Ma niente. Allora torna a interrogare con lo sguardo il fratello, che non c'è più.

Il pilota serra i denti. La mascella è indolenzita, ma non importa. Occorre andare. La direzione indicata da François è la stessa seguita da Guillaumet. D'altro canto quando il cervello si fa fortino intorno a un'idea, questa trova poi mille giustificazioni.

«In cammino, Prévot» dice rivolto al meccanico, che è rannicchiato su se stesso a due metri da lui. Sembra a sua volta un ragno dalle zampe lunghe, però morto stecchito. Per fortuna non è così, è solo che i corpi degli uomini non dimenticano mai come si stava bene nel ventre materno. «Prévot! Le nostre gole non si sono ancora chiuse. Dobbiamo metterci in cammino.»

L'uomo si riscuote con un brivido. La sua pelle deve aver immagazzinato freddo per tutta la notte, le ossa dentro di lui saranno spine di ghiaccio. Si distende supino, poi si tira a sua volta a sedere, infine si rialza. Si dà una pulita sommaria. Non un lamento, come sempre.

«Andiamo» dice.

La direzione, dunque, è nord-est. Il vento secco che giunge da ovest, che è capace di prosciugare un uomo in meno di un giorno e che finora li aveva risparmiati, taglia loro la strada. Tonio si rende conto che le cose stanno cambiando non solo intorno, ma anche dentro: certo l'esofago non si è ancora chiuso, però adesso è una corda dura e dolorante che attraversa per il lungo il tronco, come se si trattasse di una seconda colonna vertebrale. E non è finita qui. C'è una zampetta di gatto, al suo interno, che comincia a grattare con artigli atroci. Sembra che giochi, percorrendolo su e giù. Per un po' si ferma, lasciando che Tonio cammini senza troppa fatica, poi torna a farsi viva. Quando inizierà ad accanirsi sa che sarà costretto a tossire. La prima volta che gli hanno spiegato come vanno queste cose era appena arrivato a Cape Juby. Negli anni seguenti ne ha collezionati molti, di racconti.

I due pellegrini si fermano a riprendere fiato. Le mani sui fianchi, gli occhi verso il niente. Non scambiano una parola. Ormai è diventato impossibile, in bocca le lingue si fanno sempre più grosse. Tonio si rende conto che purtroppo all'esofago chiuso e alla zampetta di gatto si aggiunge un nuovo problema. Inizia a vedere di fronte a sé le prime macchie brillanti, come piccoli soli infissi qua e là nel paesaggio. Quando si tramuteranno in fiamme, si coricherà per morire.

Riprendono il cammino a passo svelto. È bene approfittare del fresco finché c'è. Con il sole dritto nel cielo diventerà tutto più difficile. Non hanno neppure il diritto di sudare. Il vento che sentono viene dal deserto: è una carezza tenera e bugiarda, se le si dà credito fa evaporare il sangue.

Tonio si trova a considerare come sia strana la loro

condizione. Hanno mangiato pochissimo, da quando il Simoun è precipitato, e bevuto ancora meno. Eppure non prova né fame, né sete. Oramai è oltre. Più che con la sete, per esempio, deve fare i conti con i suoi effetti. La gola indurita. La lingua di gesso. Il raschio della zampa felina. Il sapore tremendo in bocca. Sono sensazioni nuove e assolute. L'acqua sarebbe in grado di spegnerle? È ragionevole crederlo. Ma se le cose stanno così, è perché la sete sta diventando sempre più una malattia, sempre meno un desiderio. E già questo sarebbe sufficiente a destare il più profondo orrore, in un uomo. C'è però qualcosa di ancora più tremendo, si rende conto Tonio: riesce a ragionare su un argomento del genere come se non lo riguardasse. Non è neppure più in grado di provare strazio, se si costringe a immaginare una fontana d'acqua fresca o lo splendore di un'arancia succosa. Ogni cosa si allontana irrimediabilmente da lui. Il ricordo di un frutto, purtroppo, gli è indifferente come quello di Consuelo.

Ora i due pellegrini sono seduti. Come lo hanno deciso? Chi può saperlo. In questa loro vita ormai solo animale le cose accadono senza essere l'espressione della volontà di nessuno. Ma già bisogna ripartire, rinunciando alle tappe lunghe. Si stringono le mani, si tirano su puntando ognuno i piedi contro quelli dell'altro come strane bestie simmetriche. E come strane bestie simmetriche ricominciano ad avanzare a passi sempre più lenti. Fanno un altro pezzo di strada. Quanto? Neppure un chilometro. Poi sono di nuovo fermi. Crollano a terra esausti. Tonio addirittura si stende. Prévot, accovacciato al suo fianco, gli lascia tempo sufficiente per riposarsi, ma non abbastanza per prendere in considerazione l'idea di non alzarsi più. Lo scuote. Ripartono.

Le pietre ora si fanno più rade e i pellegrini si trovano a procedere di nuovo sulla sabbia. Non è l'unica novità: finora hanno camminato in piano, mentre ecco che si intravvedono delle dune a un paio di chilometri da lì. E su quelle dune, alcune macchie di vegetazione nana.

Se questa fosse una gita si tratterebbe di buone notizie. Infatti è meglio avanzare sulla sabbia, che sull'armatura d'acciaio che il Sahara indossa qua e là. E il deserto deve essere biondo, per essere davvero deserto. Inoltre chissà che meravigliose sorprese può riservare dopo dune con tracce di vegetazione... Ma questa purtroppo non è una gita.

Quante ore d'uomo sono trascorse, da quell'alba che ha lasciato secchi i teli? Il deserto non lo dice, se non nei suoi effetti. Ora Tonio e Prévot hanno autonomia per non più di duecento metri.

«Arriviamo almeno agli arbusti» dice il pilota. Saranno le sue ultime parole? Ha fissato il limite estremo. Già ieri camminavano senza alcuna speranza, oggi questa parola ha addirittura smarrito il proprio significato, è uscita insieme a tante altre da un vocabolario che si fa sempre più essenziale. Si cammina perché si cammina, tutto qui. Non diversamente dai buoi sottoposti all'aratro. Fino a un paio di giorni fa era possibile immaginare un aranceto come un paradiso. Ieri era chiaro che in un paradiso di quel tipo ormai non ci avrebbero più messo piede. Oggi è venuto il momento di dubitare che le arance esistano.

Tonio sa che sta per cadere. Questo però non accende in lui nessuna emozione. Né dolore, né altro. Che peccato. Il dolore sarebbe dolce come l'acqua. Perché provare dolore significherebbe provare compassione per sé, volersi bene come si vuol bene a un amico. Invece il deserto ti toglie anche questo. Tutto scompare, non hai più nessuno al mondo, neppure te stesso. Quando troveranno il suo corpo immagineranno che abbia sofferto, che abbia invocato sua moglie e sua madre, le sue sorelle, i suoi amici, che si sia disperato per quello che perdeva. Ma potersi disperare è già una ricchezza. La sofferenza è una ricchezza. E lui è diventato povero.

Tonio ora è il deserto. Non è più in grado di formare saliva. Non è più in grado di formare nessuna immagine nella propria mente. E il sole ha prosciugato la sorgente delle lacrime.

Tra le luci che invadono il suo campo visivo, tuttavia, scorge qualcosa. Anche se non saprebbe dire cosa. Niente è cambiato, ma una parte di lui per la prima volta da giorni ha avvertito spirare la speranza come fosse un refolo dal mare. Che cos'è che ha allertato l'istinto senza passare dalla coscienza? Nulla è diverso, eppure tutto è diverso. La distesa di sabbia di fronte a lui, i piccoli poggi che forma e le lievi chiazze di verde non sembrano più un paesaggio, ma una scena. Ecco di cosa si tratta. Una scena ancora vuota, ma completamente predisposta. Tonio si gira verso Prévot. In volto, il meccanico mostra di provare lo stesso stupore che prova lui.

Sta per accadere qualcosa. Il deserto è come se si fosse animato. L'aria si carica di fremiti più che una pubblica piazza il giorno di mercato. Il silenzio spalanca la bocca per parlare.

Prévot stende il braccio, indica un punto di fronte a loro. Sono orme. Separati ormai da giorni dalla specie umana, reietti rispetto all'enorme tribù che popola il mondo, lasciati soli da una migrazione universale, è così che i due vedono rinnovarsi il miracolo dell'esistenza degli altri.

«Qui, due uomini si sono divisi...»

«Qui si è inginocchiato un cammello.»

Si guardano. Sanno di non essere ancora in salvo. Non possono sedersi ad aspettare sperando in un ritorno. Anche se avvenisse, il loro tempo sta per scadere. L'enormità di sabbia che vedono a perdita d'occhio è ormai irrimediabilmente scivolata nella metà sbagliata della clessidra.

Prévot tossisce.

Tonio lo prende sottobraccio, lo scuote. Quello tossisce un'altra volta.

«Andiamo, Prévot. Forza. Vi ci vuole uno sciroppo.»

Chissà come ha fatto, a trovare l'estro di scherzare.

Adesso camminano di nuovo. A braccetto. Verso luci immaginarie che vogliono dire la fine, se tra esse non sbucheranno uomini veri. È a questo punto che Tonio sente il canto di un gallo. Ma non può gioirne: ricorda i racconti di Guillaumet. Sulle Ande le prime allucinazioni avevano ingannato gli occhi.

Poi, con il trascorrere dei giorni, erano arrivate quelle che avevano ingannato le orecchie. Dapprima un gallo, un maledetto gallo. Poi i rumori di una ferrovia, con il treno che frena e la confusione dei viaggiatori che si affollano sulla banchina in attesa di salire.

«Avete sentito?» chiede Prévot affondando le dita nel braccio di Tonio.

«Che cosa?»

«Il gallo!»

«Allora...»

Allora se il gallo c'è per entrambi, non è un'allucinazione. Se non è un'allucinazione, ci devono essere per forza anche degli uomini. E con loro la salvezza.

«Guardate quei cani che si inseguono» dice ora Tonio al colmo della gioia. Sono sbucati da oltre la duna, fanno festa, giocano.

«Tonio...» è forse la prima volta che Prévot lo chiama per nome. E l'ultima. «Non c'è nessun cane.»

Quindi anche il canto del gallo deve essere un'allucinazione? Condivisa, ma pur sempre un'allucinazione? Eppure le orme... Eppure quel beduino che ora vedono di fronte a loro, sul colmo di una duna, in groppa al suo cammello...

Dalla disperazione e dal delirio, i due pellegrini traggono la forza di gridare verso quell'ennesimo miraggio. Tendono le braccia. Consumano a favore del beduino il poco fiato che hanno ancora a disposizione. Ma la verità è che anche nell'improbabile caso che fosse reale, le loro voci non lo raggiungeranno. Hanno corde vocali ormai secche. Prima, quando si sono parlati, bisbigliavano e non se ne sono neppure resi conto.

Miraggio beffardo, adesso il beduino inizia ad allontanarsi. Il demone del deserto l'ha mostrato crudelmente ai due pellegrini e altrettanto crudelmente se lo riprende. Impossibile correre, impossibile inseguirlo nella speranza che sia vero.

È la fine, l'ennesima fine che nelle ultime ore la sorte ha inflitto loro.

Poi sulla stessa duna compare un altro arabo di profilo. Tonio urla per come riesce: «*Tayara bum bum! Tayara bum bum!*». È una delle prime frasi imparate a Cape Juby: «Aereo caduto! Aereo caduto!». Prévot subito gli va dietro. Non sa cosa sta dicendo, ma urla con lui. Le voci sono flebili, così iniziano ad agitare le braccia. È come se riempissero il cielo di segnali immensi, quel gesticolare è la cosa più vistosa che sono in grado di fare. Ma a cosa serve? L'arabo sta guardando in un'altra direzione.

Intento a scrutare tutt'attorno, l'uomo inizia ad abbozzare un giro su se stesso. Nell'attimo stesso in cui si presenterà di faccia, ogni cosa sarà compiuta. Nell'attimo stesso in cui guarderà nella loro direzione, si deciderà se è anche lui una visione oppure se è un uomo capace di cancellare la sete, la morte e, perché no, anche i miraggi.

Adesso quel mezzo giro che era necessario è finito. Da come osserva, l'uomo non può essere una visione. E forse non è neppure un uomo, ma un dio: basta il suo sguardo, a ricreare la vita. I suoi occhi sono due miracoli, i passi che inizia a compiere verso di loro sono come quelli di chi sappia camminare sulle onde del mare.

Tonio e Prévot attendono immobili, senza più agitare le braccia al cielo né proseguire nel loro tentativo di urlare, che oltre a essere risibile s'è fatto inutile. Ecco che l'uomo infine è lì. Non dice nulla: appoggia le mani prima sulle spalle di uno, poi su quelle dell'altro, spingendoli verso il basso, costringendoli a terra. Sono mani vere, a cui obbediscono.

Quando i due sono stesi, l'arabo si siede a gambe incrociate di fronte a loro. Afferra la bisaccia che teneva a tracolla e se la mette in grembo. Recupera una ciotola di lamiera, larga e bassa, di quelle che si usano per far bere le bestie. La sistema sulla sabbia. Poi tira fuori la borraccia. È di pelle, sembra un grande fagiolo che finisce a punta. Il beduino svita il tappo, riempie la ciotola d'acqua.

I due aviatori, i due naufraghi, i due dispersi, i due pellegrini hanno atteso fino a questo momento con la fronte sulla sabbia come bestie. E come bestie, ora, restano bocconi a bere nel catino. Quali bestie? Li si direbbe due vitelli fin troppo avidi. Il che fa preoccupare il loro salvatore: immagina cosa hanno patito, sa che i loro corpi devono riprendersi un po' alla volta. Così allunga le mani, li costringe a interrompersi di continuo. Ma appena li molla tornano a tuffare l'intero volto nell'acqua.

Quando la sabbia del deserto ha finalmente mutato direzione e comincia a scorrere verso la metà giusta della clessidra, ma prima che l'uomo richiami il fratello per condurli al loro accampamento, accade ancora una cosa. Tonio rivede per un'ultima volta François. Bellissimo, con la sua vestaglietta verde e la sua sciarpa gialla. Se ne sta in piedi poco lontano da loro. Gli sorride con una dolcezza infinita.

Il pilota vorrebbe alzarsi e raggiungerlo, ma è impossibile.

Non riesce a muoversi.

François solleva una mano.

Lo saluta per sempre. Poi scompare.

Enfin

Giovedì 2 gennaio 1936, a tarda sera, Jean Lucas venne chiamato dal *concierge* del Pont Royal, dove ancora si trovava in compagnia di Consuelo Suncín Sandoval e Marie Boyer de Fonscolombe, rispettivamente moglie e madre di Antoine de Saint-Exupéry. Insieme a loro c'erano numerosi altri amici del pilota. In linea lo attendeva il ministro dell'Aviazione Victor Denain, con cui curiosamente fino a quel momento non era riuscito a entrare in contatto.

Prima ancora che Lucas potesse raggiungere la cornetta, anche Consuelo venne chiamata dal *concierge*. Nonostante sapesse già da *Madame* Luce Vidi che il marito si sarebbe salvato – per questo era svenuta, quel pomeriggio, a Notre-Dame-des-Victoires –, tuttavia sentirne la voce sulla linea di servizio la riempì d'emozione a tal punto che urlò fortissimo. La hall esplose di gioia. Tonio telefonava dal Cairo: un beduino aveva percorso i venti chilometri che separavano l'oasi da Wadi Natrun portando con sé un biglietto scritto di suo pugno dall'uomo, e da lì era partito un camion della Egyptian Salt & Soda Company per riportare i due dispersi alla civiltà. Tuttavia non era di questo che intendeva parlare, in quel momento. Egli chiese a sua moglie ciò di cui tutti gli aviatori che tentano un record, riuscendovi o meno, hanno bisogno quando finalmente atterrano: ricevere, in un modo o nell'altro, una camicia pulita.

Nota

Alcuni anni fa mi è venuto da chiedermi che scrittore fosse, al di là del *Piccolo Principe*, Antoine de Saint-Exupéry. Sul quel libro, infatti, non ero in grado di avere un'opinione: troppo vicino agli occhi, come tutte le cose molto conosciute, per metterlo a fuoco. Ma il resto?

Recuperato il vecchio volume delle *Opere* nei Classici Bompiani, ho letto in ordine di pubblicazione i suoi tre romanzi. Ho così scoperto un autore sempre in cerca della parola esatta, felice possessore di una prosa che è difficile immaginare più scarna: ecco cosa giustificava l'apprezzamento riservatogli da Daniele Del Giudice, che era preda di una mania simile. Quindi sono tornato indietro, ai testi giovanili. Infine – via via sempre più curioso – sono passato alle lettere, ai taccuini, agli articoli. Ai piccoli disegni che spuntavano dappertutto. È stato così che, entrato nel caos della vita di Saint-Ex da cauto esploratore, ne sono uscito da innamorato. Del romanziere, certo, ma anche di un uomo che aveva saputo essere grandemente vitale. Per questo ho alimentato la mia passione comprando biografie, libri fotografici, cataloghi di mostre.

Nel perimetro delle mie letture sono ricaduti anche i sei reportage che Saint-Ex pubblicò tra fine gennaio e inizio febbraio del 1936 su «L'Intransigeant» con il titolo complessivo *Le Vol brisé. Prison de sable* (Il volo interrotto. Prigione di sabbia) e i singoli titoli *Un Avertissement du Destin* (Un avvertimento del destino, 30 gennaio), *Soudain, un formidable croquement...* (All'improvviso, un tremendo scricchiolio..., 31 gennaio), *La soif* (La sete, 1° febbraio), *Le délire* (Il delirio, 2 febbraio), *Le supplice du troisième jour* (La tortura del terzo giorno, 3 febbraio) e *Résurrection* (Risurrezione, 4 febbraio), che avevo conosciuto parzialmente ritrasfusi in *Terra degli uomini*. Del resto, se aveva potuto tentare il raid era stato grazie all'anticipo accordatogli da René Delange, caporedattore di quel quotidiano, e il fatto di aver fallito gli aveva sottratto la possibilità di raccontare un trionfo, ma al contempo gli aveva consegnato una storia ancora più sensazionale. Anni dopo, l'incidente sarebbe stato l'innesco proprio del *Piccolo Principe*.

Tutto per me si sarebbe concluso lì – avevo avuto la possibilità di affacciarmi sulle vicende di due uomini che lottano per sopravvivere nel gigantesco niente del Sahara, raccontate in prima persona da uno scrittore formidabile: un bel bottino – se una sera, sfogliando un album fotografico, la mia attenzione non fosse caduta sulle immagini che mostravano

François sul letto di morte. La vestaglietta che indossava... I pezzi del puzzle sono andati a posto.

È nato così questo romanzo, scritto cercando a mia volta di essere partigiano dell'esattezza della prosa. Tra i suoi primi lettori ha avuto Alberto Cristofori, Luca Fiorentini e Federico Angelillo. Colgo l'occasione per ringraziarli dei loro consigli. Mentre per mettere a punto la stesura definitiva è stata importante l'ospitalità del Collegio Ghislieri di Pavia: ringrazio il rettore, Alessandro Maranesi, per avermi accolto nel settembre del 2023 in modo che potessi chiamarmi fuori dalla frenesia della vita di tutti i giorni. Mentre in fase di ricerca aiuti mi erano venuti da Lorella Giudici, grazie a cui ho scoperto che la rue du Douanier popolata allora da artisti è stata ribattezzata in seguito rue Braque e nulla ha a che fare con l'odierna via omonima, e dall'Office de Tourisme Intercommunal di Saint Germain Boucles de Seine, riguardo il trasferimento di André Derain a Chambourcy.

Ringrazio infine Benedetta Centovalli, mia agente, e Luca Ussia, che ha portato questo romanzo in Solferino riservandomi un'intelligenza affettuosa. L'entusiasmo e il lavoro di Luna Orlando e Beatrice Rodigari hanno fatto il resto.

Oltre la fine, naturalmente c'è Laura.

Indice

Questo libro è stampato fabbricato da Grafica Veneta S.p.A.
con un processo di stampa e rilegatura certificato 100% carbon neutral
in accordo con PAS 2060 BSI

Finito di stampare nel mese di maggio 2024
per conto di RCS MediaGroup S.p.A.
da Grafica Veneta S.p.A., Via Malcanton 2, Trebaseleghe (PD)
Printed in Italy